삼국의 巨商

거상

블루앤트리(주) 지음

삼국의 거상

21세기북스

Part 2
삼국의 대표 거상들
1장 일본의 경제를 부활시킨 원동력을 찾아서

2장 전자제품부터 손톱깎이까지 차이나 세상

삼국의 거상에게
비즈니스의 기본을 배우다

단 한 번의 실수로 초일류 기업도 순식간에 몰락할 수 있다. 최근 이를 증명하는 사례가 하나 있었다. 바로 도요타의 대규모 리콜 사건이다.

2010년 2월, 도요타의 사장인 도요다 아키오(豊田章男)는 미 하원 청문회에서 고개를 숙였다. 그는 "도요타가 직면한 이번 리콜 사태를 유감스럽게 생각한다. 도요타로 인해 사고가 난 모든 운전자에게 진심으로 사죄한다. 도요타는 전통적으로 안전과 높은 품질에 우선순위를 뒀지만 성장에 박차를 가하면서 그러한 가치를 잠시 제쳐뒀다. 앞으로는 검증된 외부 전문가의 조언을 바탕으로 자동차우수품질센터(ACQE)를 통해 도요타의 품질과 안전성을 보다 강화하겠다"라고 말했다.

하지만 나는 이런 도요타의 반성이 너무 늦었다고 생각한다. 이를 증명이라도 하듯 연이어 도요타에 관한 안 좋은 소식이 들리고 있다. 미국은 도요타의 최대 시장이기 때문에 미국 시장의 영업이익 비중이 무려 90퍼센트에 달한다. 하지만 대량 리콜 사태로 미국에서의 도요타의 위상은 크게 추락했다. 도요타의 시가총액은, 가속페달 결함에 따른 리콜을 결정한 다음 달 바로 310억 달러나 감소했다. 그리고 2010년 1월, 도요타의 미국 판매량은 16퍼센트 줄어들었다. 반면 같은 기간 제너럴모터스(GM)와 포드의 판매량은 도요타 사건의 여파로 인해 시장 예상보다 큰 폭 증가했다. 리콜 사태 이전의 도요타를 생각하면서 대부분의 사람이 도요타는 절대 망하지 않을 거라고 생각했을 것이다. 하지만 단 한 번의 리콜 사건을 통해 도요타는 이제 망할 수도 있는 회사가 되어버린 셈이다. 위대한 기업에서 괜찮은 기업 정도의 수준으로 떨어진 것이다.

하지만 내가 주목하는 것은 대기업도 한순간에 망할 수 있다는 사실이 아니라, 지금 일본에서 일어나고 있는 조금은 놀라운 현상이다. 지금 일본에서는 천 년 이상의 역사를 가진 오사카 상인의 경영철학과 기법을 배우고 습득하려는 움직임이 일어나고 있다. 사실 이런 현상은 처음 있는 일은 아니다. 일본이 과거 '잃어버린 10년'을 극복하고, 세계 2위의 경제대국의 면모를 갖출 수 있게 된 것도 많은 부분 오사카 상인의 '정신' 덕분이었다.

여기서 많은 이들이 이런 의문을 던질지 모르겠다. 이렇게 모든 게 빠르게 변하고 있는 상황에서 과연 1000년 전 오사카 상인들의 비즈니스 기법이 쓸모가 있을까? 하지만 놀랍게도 1000년이 지난 오사카 상인들의 비즈니스 기법은 현재까지도 많은 가르침을 준다. 대가들에 의해 만들어진 다양한 예술 분야의 고전들은 아직까지도 많은 사랑을 받고 있다. 고전의 특징은 시간과 공간을 초월하는 가치를 가지고 있다는 것이다.

옛 상인들의 정신 역시 마찬가지다. 비즈니스 대한 그들의 놀라운 지혜가 녹아 있기 때문에 그들의 비즈니스 기법은 아직까지도 많은 사람들의 사랑을 받고 있고, 현 시대에서도 충분히 활용 가능한 지식을 준다.

이는 일본의 오사카 상인뿐만이 아니라 한국의 개성상인, 그리고 중국의 저장 상인 역시 마찬가지다. 지금까지 아시아를 넘어 세계 최고의 상인으로 불리는 그들은 어떻게 돈을 관리했을까? 그들이 가지고 있는 비즈니스와 돈에 대한 철학은 무엇이었을까?

경제 위기의 시대인 지금, 세계 최고의 비즈니스 트레이너인 그들의 부에 대한 지혜를 들어보자. 역사 속 거상과 이 시대 최고의 CEO들이 펼치는 놀라운 이재술(理財術)을 말이다.

Part 1

세계 경제를 장악한

한국, 중국, 일본의
힘은 무엇인가?

1장

아시아 삼국의 거상,
세계의 중심에 서다

유럽 경제를 넘어 세계 시장을 장악하다

최근 한중일 삼국 사이에서는 경제협력과 산업, 노동에서의 상
생적 관계 도모가 화두로 떠오르고 있다. 2005년 12월에 처음
열린 동아시아 정상회의에서도 동아시아가 힘을 모아 미국 중
심으로 돌아가고 있는 세계 경제와 정치, 안보의 질서를 바로잡

기 위한 도전장을 내자는 논의가 계속되었다. 각국의 주된 관심
사는 평화와 안정 그리고 무엇보다 경제적 번영이었다.

동아시아의 경제를 이끌어가는 한중일 삼국의 경제는 이미
세계 시장을 장악하기 시작했다고 해도 과언이 아닐 정도로 막
대한 영향력을 가지고 있다. 발표에 의하면 2002년에 이미 한
중일 삼국의 국내총생산을 합한 규모가 6조 2,000억 달러로 유
럽 통화연맹 가입국 11개국의 국내총생산을 합한 규모를 넘어
섰고, 해를 거듭할수록 그 격차는 더 커지고 있다.

아시아의 경제력이 선진국인 유럽을 압도할 수 있게 된 데
에는 뛰어난 상인들의 힘이 있었다. 지금 한중일 삼국의 경제를
이끌어가는 글로벌 대기업의 창업주들 역시 시작은 작은 가게
를 운영하는 상인이었다. 작은 화장품 가게를 하던 상인이 훗날
세계적인 화장품 회사를 설립하고, 유명 브랜드의 짝퉁 신발을
만들어 팔던 상인은 세계 최고의 품질을 가진 신발 회사를 설립
한 것이다.

우리는 그들의 성공 이야기가 궁금하다. 어떤 사물이든 자
신만의 발전 노하우가 있는 법이다. 올바른 결정을 했다면 발전
을 촉진시켜 좋은 결과를 가져다주게 된다. 그러나 잘못된 결정
일 경우 바로 피해를 입게 된다. 성공의 비결 역시 마찬가지다.

삼국의 거상들은 태어날 때부터 상업경영과 깊은 인연을 타고 났다. 그들의 말과 생각 중에는 비즈니스와 관련되지 않은 것이 없을 정도다. 다른 나라의 상인들이 생각하기에는 극히 평범한 것들도 그들이 생각하고 실행하면 전혀 다른 효과를 발휘한다. 그 이유가 무엇일까? 무엇이 그들을 세계 최고의 상인으로 만든 것인가?

이제 우리는 거상이라 불리던 삼국의 대표 상인들을 만나러 간다. 한국의 개성상인, 중국의 저장 상인, 일본의 오사카 상인이 바로 그들이다. 삼국의 그 많은 기업가들과 상인들 사이에서도 상인 중의 상인으로 칭송받는 그들은 과연 어떤 삶을 살았을까. 이제 그들의 인생철학과 성공전략, 철저한 자기관리와 상도에 대해 알아보고자 한다. 수백 년간을 숙성시켜온 그들의 철학을 통해, 우리는 현대를 살아가는 지혜와 가치를 배울 수 있을 것이다.

천 년을 이어온 얼, 개성상인

개성상인은 고려시대와 조선시대에 개성을 중심으로 활동한

벽란도가 국제 무역항의 역할을 하게 되면서 성장을 하게 된다. 그 후 외국 사신에 의한 공무역과 외국 상인에 의한 사무역이 번창함에 따라 개성상인도 더욱 성장하게 되었다. 그렇게 중국상인, 일본상인, 아라비아 상인들과 겨루며 아시아 상인들의 맹주로 이름을 떨치던 이들이 바로 개성상인들이다.

상인이다. 그들은 송악 근처 예성강 입구의 벽란도가 국제 무역항의 역할을 하게 되면서 성장을 하게 된다. 그 후 송악이 고려의 수도로서 외국 사신에 의한 공무역과 외국 상인에 의한 사무역이 번창함에 따라 개성상인도 더욱 성장하게 되었다. 그렇게 중국상인, 일본상인, 아라비아 상인들과 겨루며 아시아 상인들의 맹주로 이름을 떨치던 이들이 바로 개성상인들이다.

하지만 조선의 건국과 함께 개성상인들은 주류에서 밀려났다. 더 이상 조선에서 개성상인들이 설 땅은 없었다. 그러나 성공하는 사람들의 특징은 '위기를 기회로 삼아 도전한다'는 것이 아니겠는가. 악조건을 뛰어넘기 위해 벼슬길에 진출하지 못한 개성양반들까지 상업에 뛰어들면서 그들의 상술은 더욱 조직화, 체계화되었다. 배울 만큼 배웠던 양반들이 장사에 합세하자, 그 결과 조선 후기에 이르러서는 조선 전역에 개성상인들의 체인망인 송방이 구축되고, 조선 전체의 예산보다 개성 갑부 한 명의 사유재산이 더 많은 실정까지 된 것이다.

개성상인의 이야기는 과거에만 머물지 않는다. 현재 한국 경제계를 주름잡고 있는 기업가들 가운데서도 개성상인의 후예들이 많다. 그들의 모범적인 경영 이야기는 늘 많은 사람들에게 감동을 준다.

그 중 사무기기로 유명한 신도리코는 개성상인의 인간존중과 도덕성을 이어받은 현대판 개성상인의 기업이다. 개성상인은 절약정신을 바탕으로 튼튼한 재무구조를 유지해가면서도 사람에 대한 투자를 아끼지 않는 특성을 가지고 있다. 신도리코는 노조가 없는 회사로 높은 수준의 사내 복지시설과 직원에 대한 지원을 아끼지 않는 것으로 유명하다. 아울러 사회 환원을 통해 공동체와 사회에 대한 책임을 나누며 고객들로부터 신뢰받는 기업으로 인식되고 있다. 때문에 신도리코에서는 노동자를 찾아볼 수가 없다. 모두가 신도리코라는 기업을 운영하는 주인의 마음을 가지고 일을 하기 때문이다.

아모레퍼시픽은 한 우물만 파는 집중화 전략의 대표적인 예로 화장품 사업을 근간 사업으로 하면서 뷰티와 헬스 분야에서 관련다각화를 통해 지속적인 성장을 이룩해왔다. 또한 개성상인 조직이 송방을 거점으로 정보와 물자, 자금을 교환하면서 전국 상권을 장악했던 전통을 이어받아 전국 최초로 방문판매를 도입하였다. 아모레퍼시픽은 이를 통해 시장점유율을 급속하게 신장시킬 수 있었고, 고객들에 대한 살아 있는 정보를 축적할 수 있었다. 결국 그 정보력이 통해 새로운 브랜드 개발과 마케팅 전략을 다양하게 구사할 수 있도록 만들어주었다.

아모레퍼시픽은 중국, 대만, 일본 등 아시아 8개국에서 한류스타들을 기용한 광고의 성공으로 빠르게 시장점유율을 높여가고 있다. 아모레퍼시픽은 '고객을 속이지 않는다'라는 신념을 토대로 광고에 부합할 수 있는 우수한 품질 개발에 힘쓰고 있다. 개성상인의 장인정신을 이어받은 기업으로서 우수한 품질만이 지속적인 성장을 약속하는 요인임을 인식하고 있기 때문이다.

그리고 문방구의 점원으로 일하다 종이 도매상을 차리고, 평생 한 우물만 판 결과, 지금은 중견기업으로 성장한 삼정펄프의 전재준 회장 역시 개성상인 출신인데, 그는 개성상인의 특성인 절약을 몸소 실천하고 있는 것으로 유명하다. 놀랍게도 그는 회장실의 소파를 무려 40년 동안이나 사용하고 있다. 그의 절약은 이에 멈추지 않는다. 1972년에 산 우산을 지금까지 30년 넘게 사용하고 있는 그의 지독한 짠돌이 정신이 지금의 삼정펄프를 만든 원동력이다.

개성상인이 주목을 받는 가장 큰 이유 중 하나는 그들의 상업철학이 기업경영의 다양한 분야에 걸쳐서 귀중한 가르침을 주기 때문이다. 한 우물만 판다는 가치관은 집중화를 통한 기업 투자 전략을 의미하며, 장인정신을 바탕으로 한 제품의 질에 대한 애착은 품질경영과 의미를 같이한다. 신의에 목숨을 거는 신용 제일주의는 윤리경영을 의미하며, 남의 돈으로 장사하지 않는 보수적인 자세는 무차입경영으로 건전한 기업 재무 구조를 위한 재무 전략이라고 볼 수 있다.

또한 돈보다 사람을 중시하고, 직원을 소중하게 생각하는 인본주의는 인간존중경영의 맥락에서 이해할 수 있다. 고객을 절대로 속이지 않는 상도의는 고객중심경영을 단편적으로 보여주고 있다. 현대 개성상인의 후예들은 이와 같은 선조들의 경영철학을 계승 발전시켜 한국 최고의 기업으로 거듭나고 있다.

| 오사카 상인들의 모습

　　이제 고려시대부터 지금까지 한국의 시장을 책임져온 수많
은 개성상인의 경영철학과 인생을 만나보자.

하늘이 두 쪽 나도 노렌은 지킨다, 오사카 상인

오사카를 상인들의 천국으로 건설하고자 했던 도요토미 히데
요시는 "나라가 발전하려면 먼저 경제가 안정돼야 한다"라는 생

각을 가지고 천하의 뛰어난 상인들을 모두 오사카에 불러 모았다. 그때 오사카로 건너온 상인들의 노력으로 인해 지금 오사카는 일본 최고의 상업도시로 발전하게 되었다.

세계에서 가장 오래된 기업인 공고구미는 1400년의 역사를 자랑하는 사찰 전문 건축회사로 백제의 유중광이 일본 태자의 초청을 받아 일본으로 건너가 창립한 회사다. 지금까지도 그들은 기본과 원칙을 지켜 사고를 막는다는 신념으로 일본 최고의 사찰 건축회사로 자리 잡고 있다. 고베 지진이 발생했을 때, 주위의 건물과 고속도로까지 전복된 상황에서도 공고구미가 지은 사찰만은 멀쩡했다 하여, 공고구미가 흔들리면 일본 열도가 무너진다는 말까지 생길 정도다.

일본에서 가장 오래된 과자 가게인 스루가야. 도요토미 히데요시도 스루가야의 과자 맛에 감동했다는 오사카의 대표 과자로 '과자를 통해 얻은 마음의 평화와 풍요'라는 슬로건으로 600여 년간 이어오는 변함없는 맛과 과자 한 조각까지도 정성껏 포장해주는 서비스 정신으로 일본인들의 사랑을 받고 있다.

이렇게 일본의 경제 중심지 오사카의 상인들은 파는 물품도 가게의 역사도 모두 다르지만 이들에게서 공통적으로 찾아볼 수 있는 것이 있다. 바로 노렌(の-れん)이다. 노렌에 대한 자세한

이야기를 하기 전에 아래의 대화를 읽어보자.

"저 독립할 거니까 노렌을 나눠주세요."

"아직 멀었어. 아직 너에게 노렌을 나눠줄 수 없다."

이는 오사카의 어느 식당에서 이뤄진 대화다. 종업원으로 보이는 사람이 주인에게 '노렌'을 달라고 하는데, 대체 노렌이 뭐길래 이런 대화를 하는 것일까?

일본의 모든 상점 앞에는 기다란 무명천이 걸려 있는데 이것이 바로 노렌으로 일본 상인들은 이것을 '아침을 여는 것'이라고 부른다. 개업할 때 만들어 걸었던 것을 폐업할 때까지 고수하며, 처음에 했던 고객과의 약속과 신념을 잊지 않기 위해 노력하는 것이다.

그런데 앞의 대화에서 종업원은 왜 주인에게 노렌을 나눠달라고 하는 것일까? 장사를 오래하다 보면 단골손님이 생기게 되고 그들은 가게를 자주 드나들면서 자연스럽게 입구에 걸려 있는 노렌의 문양을 기억하게 된다. 이쯤 되면 노렌은 그 가게를 나타내는 심볼 역할을 하게 된다. 장사가 잘돼서 분점을 낼 때도 본점과 똑같은 노렌을 사용한다. 오랫동안 충성을 다한 종업원이 어느 정도 실력을 얻어 독립할 때, 주인이 보답으로 같은 노렌을 사용하게 해주는 경우가 있다. 이런 것을 '노렌오 와

케르(のれんを わ(分)ける. 노렌을 나누어주다)'라고 한다.

이렇다 보니 오사카에는 그런 자존심과 고집으로 똘똘 뭉친 상인들이 모여 만든 '노렌 100년회'라는 모임도 있다. 이 모임의 회원으로 가입하려면 오사카에서 100년 이상 장사를 한 경험이 있어야 한다. 그들이 발표한 자료에 따르면 오사카에는 100년 이상 장사를 해온 기업이나 점포가 무려 500여 개가 넘는다고 한다.

기업의 생리상 한 기업이 탄생하고, 100년 이상 생명을 유지하는 건 불가능에 가까울 정도로 어려운 일인 것을 감안하면 오사카 상인들의 불굴의 의지와 장사 기법은 타의 추종을 불허한다고 말할 수 있다. 결국 노렌은 오사카 상인들의 정신을 대변한다고 말할 수 있다. 노렌은 그 역사가 긴 만큼 많은 의미를 가지고 있는데, 크게 다음과 같이 정리할 수 있다.

1. 영속적인 상징으로서의 경영이념

2. 신용 축적

3. 시대에 대응해서 살아남는 힘의 원천

4. 사장과 사원 간의 화합과 단결

5. 사회적 책임과 사회에 공헌하는 상품의 이미지

중국의 저장성. 저장성의 지역경제는 한국 전체의 경제력보다 앞서 있다.

　　크게 5가지로 노렌의 의미를 말했지만, 노렌은 한마디로 '신용'이라고 할 수 있다. 그들에게 노렌은 심장과도 같은 것이다. 노렌을 걸고 장사를 하는 동안 자신이 만든 음식과 상품에 대해서 목숨을 걸고 품질을 지킨다는 의미로 받아들이면 된다. 노렌은 예나 지금이나 오사카 상인에게 목숨과도 같은 신용의 상징이다.

동양의 유태인, 저장 상인

매년 「포브스」가 발표하는 중국 최고의 갑부 1위에는 딩레이(丁磊, 중국의 유명 포털사이트 '왕이(網易)'의 설립자로 개인 재산 약 1조 3,000억 원)가 선정된다. 저장성 출신인 그는 예나 지금이나 중국상인 서열 1위다. 중국 100대 부자 중 저장성 출신이 18명으로 광둥성을 제치고 5년 연속 1위를 차지하고 있다. 그 정도로 거부들이 많이 살고 있는 곳이 바로 저장성이다.

그리고 이 중국 저장성에 자리한 조그마한 도시에 온주(溫州)라는 곳이 있는데, 이곳은 '동양의 유태인'으로 불리는 온주 상인들이 생겨난 곳이다. 온주 상인들은 같은 고향 출신끼리 서로 협력하며 잘 돕기로 유명하다. 그들은 '인정으로 인맥을 짓고, 인맥으로 돈을 짓는다'라는 신념을 갖고 철저히 뭉쳐서 살았다. 인구는 많고 땅은 좁고 천연자원도 거의 없으며 재해가 빈번하게 일어나서 살기 어려운 빈촌에서 사람들은 강한 의지로 생존력을 키워왔다.

더구나 온주는 삼면이 산으로 둘러싸여 있다. 또한 산이 험하고 계곡이 깊기 때문에 외부와 통하는 길 역시 험난했다. 그래서 보통 온주 사람들은 외부와 격리된 생활을 할 수밖에 없었다. 너무나 외진 곳이라 이곳의 백성들은 왕이 죽고, 새로운 나라가 탄생해도 그것을 모른 채 살아야만 했다. 더구나 온주는 땅도 척박해서 농사로 부자가 된다는 것은 생각조차 못했다. 그래서 온주 사람들은 그러한 자신들의 운명을 거부하고, 고향을 떠나 각지를 떠돌며 장사를 하기 시작했다. 그들은 몸에 지닌 기술과 튼튼한 두 발을 믿고 여기저기 떠돌며 장사를 했다.

고생을 마다하지 않고 위험과 두려움을 견디며 장사를 할 수 있었던 이유는 그들에겐 돌아갈 곳이 없었기 때문이다. 고향으로 돌아가봐야 앞날이 보이지 않았으므로 그만큼 절실한 마음으로 장사를 할 수 있었다. 그들은 남들이 하기 싫어하는 일을 도맡아 하면서 차곡차곡 돈을 모으기 시작했다. 그렇게 중국 전역으로 활동 범위를 넓혀 장사를 벌여왔으며 현재 중국뿐 아니라 전 세계 차이나타운에서 활약하는 화교의 중심축을 이루게 되었다.

"내가 벌 돈은 내 손과 발이 안다"라는 말로 요약되는 온주 상인들의 강한 자생력은 중국 경제의 강력한 경쟁력이라 할 수 있다. 남의 부축을 기다리지 말고 스스로 손과 발이 돼라. 이것이 거대한 부를 창조하는 온주인의 보편적인 마음자세다. 온주 인들은 딸이 아버지에게 손을 벌리지 않고 동생이 형에게 빌붙

지 않으며 아내가 남편에게 기대지 않는다. 남에게 의존하지 않으려는 기질이 있어야 개인적인 창업이 가능하다. 온주인들은 거의 천성적으로 이러한 자유의지와 자유정신을 가지고 있는데, 이러한 기질은 성공적인 창업을 위한 필수적인 요소다.

온주 상인의 특징은 5가지로 정리할 수 있는데, 첫째는 '작은 것'에 있다. 온주 경제는 작은 제품을 생산하는 것으로 특화되었다. 집 앞에 가게를 열고, 집 뒤에는 가내수공업 공장을 둔 전점후창(前店後倉)의 방식으로 초기 경제 발전의 토대를 구축하였다. 사실 이러한 방식은 어쩔 수 없는 선택이었다. 자신의 조건에 따라 자신에게 맞는 옷을 맞추는 것은 혜안으로 소상품 생산의 길을 선택한 것이라고 할 수 있다. 그래서 온주 상인들은 아무리 작은 것이라도 중요하게 여긴다. 그들은 조그만 액세서리부터 시작하여 신발, 잡화 등 취급하지 않는 물품이 없을 정도다. 또한 취급하는 상품이 단추 하나라도 그들은 절대로 이를 무시하지 않는다. 그리고 아무리 작은 물건을 만들더라도 모든 정성을 다해 일한다.

시장에 대한 특별한 안목은 온주 사람의 두 번째 특징이다. 그들의 눈에는 세상의 모든 것이 장사로 보인다. 그래서 그들이 보는 모든 것은 상품이 아닌 것이 없을 정도다.

세 번째 특징은 모방이다. 온주 상인은 모방의 천재다. 우리나라를 비롯한 전 세계에서 신상품이 출시되자마자 중국에서 비슷한 제품이 나오는 이유는 먼저 모방한 후에 새롭게 창조할 수 있다는 정신이 있기 때문이다. 그들은 처음엔 모방에 그치지만, 나중에는 더 훌륭한 제품을 만들어낸다. 이러한 온주 상인들의 정신이 지금의 중국을 있게 한 힘이다. 온주 상인은 자기들의 자산이 아니더라도 이를 활용하여 자기 것으로 만드는 기술을 가지고 있는 것이다.

부지런하고 눈치가 빠른 것은 그들의 네 번째 특징이다. 기회가 있으면 절대 놓치지 않고 남들보다 빨리 차지한다. "온주 상인들은 남들보다 먼저 기회를 포착하고 먼저 일어선다"라는 말이 그래서 나왔다. 뿐만 아니라 그들은 중국 전역을 비롯하여 전 세계의 네트워크를 이용해 세계 시장으로 진출하는 데도 적극적이다. 그리고 박리다매를 경영의 제1원칙으로 삼는다.

이런 전략으로 세계 시장을 석권한 온주의 대표적인 상품으로 라이터를 들 수 있다. 기존에 한국과 일본이 점유했던 라이터 시장에 진입해 가격에서 '0'이 하나 빠진, 생각할 수도 없었던 저렴한 가격의 라이터를 팔며 순식간에 세계 시장을 장악했다.

다섯 번째 특징은 외지에서 사업을 하는 그들의 독특한 스타일에서 찾을 수 있다. 우선 일부 사람들이 각지를 떠돌며 사업할 기회를 찾는다. 그러다가 돈을 벌 기회를 발견하면 가족과 친척 등을 불러 모은다. 돈을 벌 기회를 친척과 친구들에게 먼저 추천하는 것이다. 그리고 고향의 친척들이 도착한 이후 그들은 다시 각자의 고향 친구들을 불러 모은다. 그리고 빠른 속도로 낯선 도시에 온주 마을, 온주 거리를 형성한다. 이렇게 해서 그 지역은 또 하나의 작은 온주가 되는 것이다.

온주 사람들은 무슨 연유로 탁월한 장사꾼이 될 수 있었을까. 이에 나는 중국 유수의 대기업 CEO부터 신발가게 주인까지 수많은 온주 상인들의 사업 스토리를 분석하고 장사에 대한 그들의 지혜를 들려주고자 한다.

일류제품으로 성공신화를 창조하라

저장 상인은 지난 30여 년간 급속하게 성장했다. 이러한 저장 상인의 성장은 한 시대의 축소판이라고 할 수 있을 것이다. 하지만 초기엔 많은 저장 상인들이 가짜 상품을 만드는 천만이 넘는 가내수공업장을 운영하며 시장의 질서를 어지럽혔다. 그러나 시장이 번영함에 따라 소비자들의 선택의 폭은 넓어지고, 그러는 사이 소비자들은 일류 제품을 선택하는 것을 소비 기준으로 삼았다. 그리하여 어떤 기업이든 좋은 제품을 만들지 못하면 시장에서 도태될 수밖에 없었다. 저장 상인이 만들어내는 삼류 제품 역시 마찬가지였다.

1987년 8월 8일, 항저우 시의 상업 중심 지역인 우린먼 광장에서 소비자의 실수에서 비롯된 커다란 연기가 피어올랐다. 이는 온주에서 생산된 모조품 신발 5,000켤레가 불에 타면서 피어오른 연기였다. 이 사건은 당대 저장 상인의 발전사에서 '우린먼 사건'이라 불리며 유명해졌다. 이 화염은 모조품을 생산하던 온주 상인의 악습을 근절시켰을 뿐 아니라, 저장 상인들 모두의 의식을 일깨운 사건이었다. 이 사건을 계기로 일류 제품에 대한 의식이 저장 상인들의 머릿속에 자리 잡기 시작해, 저장성의 제품들이 모조품 수준에서 벗어나 품질을 중시하는 품질 시대에 진입하기 시작했다.

모조품으로 이름을 날리던 온주 상인들은 새롭게 다시 태어나기 시작했다. 1999년에는 항저우 시 지아오중 촌의 한 공터에서 온주 오우캉 그룹의 사장인 왕전타오가 직접 나서서 2,000켤레의 가짜 신발을 태웠는데, 이는 일류 제품 노선의 시발점이되었다.

이때부터 모조품을 만드는 상인은 찾아보기 힘들어졌다. 또한 상업계에서 성공 가도를 달리고 있는 사람들을 살펴보면 모두 오랜 시간 동안 일류 제품 노선을 걸어온 사람들이었다.

오늘날 저장 상인의 일류 제품에 대한 개념을 살펴보면, 그의미가 갈수록 광범위해지고 있다는 사실을 발견할 수 있다.

일류 제품이 뜻하는 바는 단순히 품질만이 아니다. 품질을 기본으로 기술력을 높이고, 브랜드 가치를 추구하고, 궁극적으로는 1등을 추구한다. 저장 상인들은 일류 제품의 개념을 단지 제품만이 아니라 제품을 생산하는 기업과 기업의 관리, 영업, 생산 등 각 부문에 걸친 전면적인 품질 향상을 뜻한다는 사실을 인식하고 있다. 이 같은 공식을 형성한 저장 상인들은 기업문화 건설에 주력하고 사회적 책임과 사회 환원을 염두에 두고 있다. 이런 과정을 거치면서 저장 상인들은 세계 경쟁에서 승리할 수 있었다. '짝퉁의 본고장'이라는 부정적인 수식어를 떼어버리고, 일류 중의 일류를 생산해낼 수 있었기 때문이다.

2장

삼국의 거상,
그들만의 비즈니스법

비즈니스의 기본, 인간을 잊지 마라

개성상인 기업들은 절약경영을 고집했지만 때론 아낌없이 투
자를 하기도 했다. 대표적인 예가 가난한 이웃들에 대한 기부와
교육 사업 등 사회복지 사업이다. 이렇게 절약을 해서 모은 돈
을 아낌없이 투자할 수 있는 이유는 개성상인 1세대들이 어려

운 환경 속에서 가난을 경험했기 때문이다. 가난을 경험해보았기 때문에 가난이 주는 고통을 잘 알고 있고, 돈보다 인간의 가치를 더 귀중하게 여기는 철학을 가질 수 있게 된 것이다. 그래서 그들은 사내 직원들의 복리후생을 위해서 적극적으로 투자한다.

오늘날 인화경영은 형식적이고 낡은 경영방침으로 보이기 쉬우며, 가시적인 수익성으로 바로 연결되지 않는다고 인식되어 폄하되기도 한다. 하지만 개성상인의 후예들은 사람에 대한 투자 가치를 믿는다. 비즈니스의 기본은 인간이라고 생각하기 때문이다. 그래서 종신고용제가 파기되어 이직률이 높아진다고 해도 한때 회사에서 자신과 함께 한솥밥을 먹고 일한 적이 있다면 자신의 가족처럼 대해야 한다고 생각한다. 한일시멘트의 고(故) 허채경 회장은 "글 무식보다는 인(人) 무식을 두려워하라"라고 말했다. 한일시멘트의 경우 회사를 그만둔 직원들이 다른 직장을 구할 수 있도록 퇴직 후 경력 관리에도 힘을 쓰고 있다.

회사가 외부의 고객을 만족시키기 위해 노력을 하듯 내부의 고객을 위해서도 최선을 다해야 한다는 게 개성상인의 경영철학이다. 개성상인들은 수백 년 전부터 이 인사 전략을 인식하고 실천하고 있다. 그들이 말하는 가족주의가 바로 이것이다. 그들은 자신과 함께 일하는 직원들을 종업원으로 보는 게 아니라 가족의 구성원으로 생각하고 대한다. 이렇듯 사회복지 사업을 비롯해 회사 내 인간중심경영은 바로 개성상인의 기업들이 사람의 귀중함을 인식하고 투자한다는 것을 보여준다.

이는 일본도 마찬가지인데, 일본의 마쓰시다 전기를 설립한 오사카 상인인 마쓰시다 고노스케는 인간존중경영의 대명사라고 할 수 있다. 그는 항상 직원들에게 이렇게 말했다.

"누군가 우리에게 무엇을 만드는 회사인가 물어보면 '우리 회사는 사람을 만듭니다. 아울러 전기제품도 만듭니다'라고 대답하라."

제품 이전에 사람을 먼저 만든다는 그의 철학이 담겨 있는 말이다. 그는 "좋은 품질을 만들기 위해서는 좋은 사람을 만들어야 하고, 품질을 높이려면 사람의 질을 높여야 하고, 품질의 혁신을 이루려면 사람을 변화시켜야 한다"라는 경영철학을 가지고 있었다. 이러한 그의 경영철학은, 직원을 사라지면 다시 대체될 수 있는 부속품이 아니라 기업의 중요한 존재 이유로 보며, 인력 자원에 의하여 다른 자원의 효율성이 결정된다는 가치관 측면에서 인간존중경영과 맥을 같이한다고 할 수 있다.

지속가능하지 않으면 의미가 없다

어떤 상품이든 품질이 우수하지 않다면 그 기업의 생명은 길게 가지 못한다. 그런 의미에서 기업이 말하는 지속가능이란 그 기업이 만드는 상품의 품질과 큰 관련이 있다.

무엇을 하든 행동이 민첩해서 먼저 목적을 달성하는 온주 사람들은 국제 시장을 통행하는 통행증을 취득하는 방면에서도 다른 사람들보다 한발 앞섰다. 덕분에 온주 사람들은 다른 상인들보다 빠르게 전 세계를 무대로 활동할 수 있다. 온주 사업가들은 일단 통행증을 가지고 있기 때문에 국제 시장에 진입을 하기만 하면 상품 자체의 품질을 통해 고객을 설득할 수 있다는 것을 알고 있었다. 아무리 많은 상품을 깔아도 품질에 문제가 있으면 모든 제품이 반품되는 건 당연한 일이다. 그래서 그들은 지속적으로 상품의 품질을 향상시키기 위해 노력하고 대책을 세워나갔다.

그 중에서도 중국 전기업계의 선두주자인 정타이 그룹은 통행증을 가장 빨리 그리고 가장 많이 획득한 기업이다. 뿐만 아니라 상품의 품질을 생명보다도 중요하게 생각하는 기업이다. 정타이 그룹의 총재인 난춘후이는 상품 품질에 대해 결코 느슨

해지는 법이 없다. 현재 정타이 그룹에서는 500여 명의 품질검사 요원이 있으며, 모두들 품질이라는 관문을 확실하게 지키고 있다. 그 결과 지난 몇 년 동안 7명의 임원진이 제품의 품질 문제로 처벌을 받기도 했다. 생산을 멈춘 한 계열사의 사장은 섭섭한 마음을 감추지 못하고 이렇게 말했다고 한다.

"우리 상품의 품질이 내부 기준에는 미치지 못하지만, 다른 회사의 상품보다는 훌륭합니다. 100위안이 넘는 상품을 팔아 이윤이 3푼밖에 되지 않는데 팔 수도 없으니, 이렇게 한번 생산이 멈추고 반품이 되면 얼마나 큰 손실인지 아십니까?"

그러나 이 말을 들은 난춘후이는 물러서지 않고 이렇게 대답했다.

"어떤 말을 하든지 우리는 세계적인 브랜드를 만들어낼 것이다. 그런데 품질이 이런 수준에 머무른다면 어떻게 세계적인 브랜드를 만들겠느냐! 차라리 1억 위안을 포기하고 말지 불합격된 상품은 단 한 개라도 시장에 내놓을 수 없다."

난춘후이의 말에서 그가 얼마나 상품의 품질을 중요하게 생각하고 있는지를 짐작할 수 있다. 그의 이런 품질에 대한 강력한 욕구는 지금의 그를 만든 가장 큰 힘이었다.

1985년 난춘후이는 재봉사였던 후청중과 합작하여 가내공장을 만들었다. 당시 중국은 형편없는 제품을 대량생산해서 저렴하게 팔기에 바쁜 시기였다. 저질 상품에 상표 도용이 합법적인 양 이루어지고 있던 시기였다. 하지만 그는 달랐다. 작업장에서 처음 만든 제품이 팔린 후 모든 사람이 춤을 추며 기뻐하고 있을 당시에도 그는 이런 생각을 했다.

'물건이 팔렸다고 내 임무가 끝난 것이라 할 수 있나?'

'상품의 품질은 좋았나?'

'문제가 생기면 어쩌지?'

'이렇게 했다가는 아마 곧 사업을 접어야겠지?'

그는 품질에 대해 이런 질문을 스스로에게 던지며 최고의 제품을 생산하기 위해 애를 썼다. 당시 리우 시에서는 수만 명의 사람이 저전압 전기제품을 생산하였는데, 90퍼센트 이상이 가짜거나 저질 상품이었다. 하지만 난춘후이는 그들과 시작부터 달랐던 것이다. 그리고 다른 시작은 다른 결과를 만든 것이다.

품질에 대한 애정은 일본의 오사카 상인들 역시 마찬가지다. 도쿠가와 시대, 우산을 파는 한 젊은이는 자신의 상품을 목숨만큼이나 소중히 여겼다. 종이를 발라 자기 손으로 우산을 만들었고, 그것을 가게에 내놓아 팔았다. 그런데 장소가 넓지 못해 방금 만들어 종이가 채 마르지 않은 우산을 점포 앞길에 내어놓고는 했다.

어느 날, 방금 만들어 길에 놓아둔 우산 앞을 한 무사가 지나가면서 발로 차더니 우산 몇 개를 망가뜨리고 말았다. 이것을 본 젊은이는 화가 났다. 제법 실력이 있는 무사처럼 보였지만 젊은이는 개의치 않고 무사에게 다가가 항의했다.

"애써 만들어서 말리려고 길에 놓아둔 우산을 망가뜨리면 어쩌라는 겁니까? 이 물건은 우리 집안의 생계가 되어주는 소중한 물건입니다. 길이 좁지도 않은데 조금 피해서 가주시지 그랬습니까?"

그러자 무사는 화가 난 듯 눈꼬리를 추켜올리며 말했다.

"뭐라고? 길은 사람이 다니는 곳이지, 우산을 말리라고 있는 곳이 아니지 않느냐! 그런데 왜 나에게 항의를 하는가? 내가 누군지 알고 감히 그런 말을 하는 거냐. 난 이웃 마을의 요시무라 쇼고라고 한다."

무사는 욕을 퍼붓고 사라졌다. 젊은 주인은 분통이 터졌다. 방금 사라진 무사의 위엄에 기가 죽어 더 이상 덤비지 못한 게 괴로웠다. 그는 억울함을 견디지 못하고 무사의 집을 찾아가 문을 두드렸다.

무시를 당하는 건 견딜 수 있지만 물건을 사지도 않으면서 발길질을 하는 행동은 참을 수가 없었다. 문을 열고 무사가 나오자 젊은이는 분명하게 말했다.

"이 밤에 찾아온 이상 이미 죽을 각오는 했소. 나는 죽어도 괜찮소. 하지만 내가 무슨 일을 당한다면 의리를 무엇보다 소중하게 여기는 우리 오사카 상인들이 당신을 가만히 놔두지 않을 것이요. 당신이 나를 죽이고 나서 자살해버리면 일은 이걸로 끝나기는 하겠지만 말이요. 결국 당신이 나를 죽이든 죽이지 않든 당신은 죽게 될 것이란 말이요."

상인의 말에 무사는 깜짝 놀랐다. 옆에서 지켜보던 아내가 대신 사과를 했지만 이미 때는 늦은 상태였다. 상인은 다시 입을 열었다.

"요시무라 쇼고 씨, 내 목을 치지 못하겠다면 당신과 당신 부하가 모두 정장 차림을 하고 우리 집에 와서 사과를 해주시오."

냉정하게 돌아서는 상인의 소매를 잡고 무사의 아내가 타협안을 내놓았다.

"정장 차림은 좀 거창하니 평상복을 입고 가서 사과를 하면 어떻겠습니까?"

상인은 이것마저 거절해서는 안 되겠다고 생각하고 아내의 제안을 받아들였다.

다음 날 평상복을 입은 무사 일행이 찾아와 정중하게 사과를 했다. 겨우 우산 하나가 망가져서 일어난 일 치고는 엄청난 사과를 받아낸 것이다.

이 이야기를 통해 오사카 상인의 정신을 엿볼 수 있다. 자신의 몸보다 자신이 파는 상품을 더 귀하게 여기는 것이야말로 오사카 상인의 정신이다.

한국의 개성상인 역시 마찬가지다. 개성상인의 가장 큰 특징 중 하나는 바로 개성상인으로서의 자부심이라고 할 수 있다. 이러한 자부심은 장인정신으로 반영되어 개성상인들은 생산하는 제품의 품질을 최우선시하게 되었다. 이와 같은 품질우선주의는 현대 개성상인의 기업들에서 나타나는 공통적인 특징이다. 그들은 대부분 각 사업 분야에서 최고의 품질을 가진 제품을 생산해내고 있다. 이런 품질우선주의는 최근 전 세계적으로 매우 중요하게 여겨지고 있다. 특히 하이테크 산업이 성장함에 따라 고급 기술의 정교한 제품들이 시장에서 경쟁하게 되었고, 아울러 기업 경쟁이 글로벌화되면서 세계 최고의 품질 확보가 기업들의 최우선 과제로 부각되기 시작했다. 따라서 전 세계적으로 품질의 중요성이 강조되고 있는 것이다. 이러한 품질의 개념은 서비스 산업에도 적용 가능하기 때문에 3차 서비스 산업의 성장과 함께 관심이 더욱 커지고 있다.

지금까지 살펴보았듯 지난 몇 백 년간 장인정신을 바탕으로 품질우선주의를 실천한 삼국 상인 정신은 현대에도 그 가치를 간직한 채 계승되어야 할 덕목이라고 할 수 있다. 기업 경쟁에 있어서 국경의 의미가 유명무실해지고, 무한 경쟁으로 치닫고 있는 현 상황에 비추어볼 때 삼국의 품질우선주의는 현대 기업들에게 시사하는 바가 매우 크다. 품질에 대한 자부심은 글로벌 기업으로 성장하기 위해서는 반드시 명심하고 지켜야 할 덕목이다.

하늘을 흔들어서라도 돈을 벌어라

'라면을 먹으면서 명품의류를 입어볼 수 있을까?' '주유소에서 기름을 넣고, 세탁을 하고, 머리도 할 수 있을까?'

이런 질문은 모두 오사카 상인들의 머리에서 나온 것들이다. 이처럼 오사카 상인들의 기상천외한 상술은 언제라도 고객을 놀라게 할 준비가 되어 있다. 하늘을 흔들어서라도 돈을 벌어야 한다는 오사카 상인의 정신을 잘 나타낸 글이 하나 있어

아래에 소개한다.

하늘 아래 해가 없는 날이라 해도
나의 점포는 문이 열려 있어야 한다.

하늘에 별이 없는 날이라 해도
나의 장부엔 매상이 있어야 한다.
메뚜기 이마에 앉아서라도
전(가게)은 펴야 한다.

강물이라도 잡히고,
달빛이라도 베어 팔아야 한다.

일이 없으면 하늘의 별이라도 세고
바닷가의 모래라도 세야 한다.
손가락 끝에 자라나는 황금의 톱날을
무료히 썰어내고 앉았다면 옷을 벗어야 한다.

옷을 벗고 힘이라도 팔아야 한다.

힘을 팔지 못하면 혼이라도 팔아야 한다.

상인은 오직 팔아야만 하는 사람

팔아서 세상을 유익하게 해야 하는 사람

그렇지 못하면 가게 문에다

'묘지'라고 써 붙여야 한다.

어떤 일이 있어도 돈을 벌어야 한다는 오사카 상인의 정신이 잘 표현된 글이다. 하지만 오사카 상인들이 오직 돈만 벌기 위해서 상술을 갈고닦은 것은 아니다. 그들에게는 일본 최고의 상인이라는 자존심이 있다. 그래서 도쿄를 일본의 수도로 내어 줄지언정 상업에서만큼은 도쿄에 질 수 없다는 자존심을 가지고 있다. 그게 바로 오사카 상인을 지금까지 지켜준 힘이다.

지금도 도쿄 상인들과 오사카 상인들은 치열하게 경쟁을 하고 있다. 초밥 요리사들은 최고의 초밥 맛을 위해 아이템 싸움을 벌이고 있다. 도쿄 상인들이 도쿄의 초밥 맛이 진정한 일본의 맛이라고 주장한다면, 오사카 상인들은 맥주회사의 컨베이어 벨트에서 착안한 회전초밥으로 싸고 맛있는 신선한 초밥을 공급해 서민들을 위한 초밥 콘셉트로 시장을 개척해나갔다. 기

발한 아이템을 개발해 시장을 선점하는 것만이 살아남는 길이
라 생각하는 것이다.

　가게를 홍보하는 마케팅도 빼놓을 수 없다. 지금은 일본에
서 가장 유명한 식당이 된 오사카의 가니도락 식당은 1미터가
넘는 다리를 자랑하는 거대한 게다리 간판으로 유명하다. 그 게
다리 간판이 유명해진 데에는 웃지못할 사연이 있다.

　10년 전, 게다리 간판이 도난당해 일본 전역을 떠들썩하게
만들고 전국의 일간지에까지 실렸던 적이 있었는데, 사실 그 간
판을 훔친 범인은 놀랍게도 가니도락 식당의 사장이었던 것이
다. 그는 가니도락을 전국에 알릴 방안을 고민하다 이런 어처구
니없는 상황까지 벌인 것인데, 그로 인해 가니도락은 주인의 열
망대로 일본 최고의 식당으로 성장했다.

사업철학과 사업윤리를 세워라

사업을 하면서 중요한 것은 사업가의 경영철학과 사회 환원에
대한 가치관이다. 개성상인의 사업철학은 '절대 남의 돈으로
장사를 하지 않는다'는 것이다. 개성상인은 빚 없이 장사를 하

고, 남의 돈으로 필요 이상의 투자를 하지 않는다. 이러한 그들의 장사철학에는 개성상인의 삶이 그대로 묻어나 있다. 그들은 구두쇠에 가까울 만큼 절약하는 삶을 고집했는데, 그 이유는 그들이 가난하게 성장한 데에 있다.

개성상인 1세대들은 거의 무일푼에서 시작한 사람들이다. 자기 자본이 없었기 때문에 그들은 남의 집에 머물며 장사를 도와주면서 성장할 수밖에 없었다. 그런 이유 때문에 그들은 장사에 성공해 부유해지더라도 자식에게 바로 사업을 물려주지 않고, 다른 집에 고용살이를 보냈다. 개성상인 2세대들은 남의 집살이를 통해 상술을 배우는 과정에서 성실과 근검절약의 미덕을 이어받았다. 세대에 걸쳐 개성상인 기업의 자금관리가 보수적인 방식으로 이어져온 데에는 이런 이유가 있다.

이러한 보수적인 경영방식은 개성상인이 19세기 이후 한국 역사의 격동기를 겪으면서 국가적인 경제난을 체험한 것에서도 기인한다. 일제강점기하에서 계속된 보릿고개, 한국전쟁, 이어지는 여러 자연재해 속에서 절약을 통해 불확실한 미래를 대비하고자 하는 가치관과 습관을 형성하게 된 것이다. 이러한 이유로 자신이 부유해지고 사업이 정상일로에 있어도, 불안정한 시장의 생리를 알고 있는 개성상인은 남의 돈을 빌려 사업을 확장하거나 잘 알지 못하는 사업을 확장해가는 것을 막기 위해 무차입 경영의 기조를 내세우게 된다. 이것은 자연스럽게 기업의 건실한 재무구조를 이루는 동시에 기업을 위기로부터 방어할 수 있는 힘으로 연결되었다.

실제로 급격한 경제 환경의 변화 속에서 개성상인의 기업이 살아남을 수 있었던 가장 큰 요인은 건전한 재무구조에 있다. 개성상인은 자기자본에 기반을 둔 자본구조를 지녔기 때문에 어떤 변화가 오더라도 영향을 받지 않고 사업을 할 수 있었다. 풍부한 현금의 흐름이 경제와 산업 변화에서 오는 충격을 흡수하는 데 방패 역할을 해주었다.

오뚜기는 우리나라의 대표적인 식품업체 중 하나로 사회 환원 사업을 적극적으로 펼치고 있다. 오뚜기의 함태호 회장은 사회 환원 정신을 강조하면서도 "남을 돕는 것을 자랑해서는 안 된다"라는 강한 신념을 가지고 이를 실천하고 있다.

그 일환으로 함태호 회장은 1992년부터 심장병 어린이 수술을 돕고 있다. 오뚜기의 창립 기념일은 5월 5일 어린이날이다. 이런 연유로 어린이를 대상으로 한 후원 사업을 구상해오던 중, 선천성 심장병으로 투병 중인 어린이들의 수술비를 지원하는 사업을 펼치게 되었던 것이다. 함태호 회장은 "선천성 심장병을 앓는 어린이들은 10세 이전에 수술을 받지 못하면 생명을 잃고 만다"라는 얘기를 듣고, 후원이 가장 절실하게 필요한 곳이 바로 선천성 심장병 어린이 환자들이라는 판단하에 생활이 어려워 수술을 받지 못해 생명을 잃는 일이 없도록 우선적인 지원을 하게 되었다.

2001년 10월에는 1,000명의 후원을 기념하여 오뚜기의 후원으로 완치된 어린이와 가족을 충북 음성 대풍공장으로 초청하여 기념행사를 갖기도 하였다. 2005년 4월, 오뚜기의 도움으로 새로운 삶을 살아가는 어린이는 모두 1,654명에 이르게 되었고 이는 심장재단을 통해 수술을 받은 전체 어린이들 중 17퍼센트에 해당하는 수치다. 10년 이상 꾸준하게 관심을 갖고 실천해온 결과였다.

하지만 많은 사람들이 이런 사실을 알지 못하는 이유는 함태호 회장이 심장병 어린이 수술 돕기 지원 사업을 하면서 "남을 돕는 일을 밖에 자랑해서는 안 된다"라고 했기 때문인데 이역시 사회 환원을 하면서 밖에 알리지 않는 개성상인들의 경영철학이 담겨 있다.

앞서 말했지만, 신도리코에는 노조가 없으며 창업 이래 노사 분규가 한 번도 없었다. 그 이유는 철저한 절약경영으로 얻은 수익을 직원들의 복리후생 증진에 투자하는 경영철학 때문이다. 기술 개발 인력에 대한 투자와 생산직 근로자들을 위한 시설 투자도 마찬가지다.

2009년 4월, 안양시가 추진하고 있는 A+리턴프로젝트 사업의 첫 번째로 문을 연 삼덕공원 개장식장에 우레와 같은 진심 어린 박수 소리가 울려 퍼졌다. 한 기업인이 지역 주민에게 공장 부지를 돌려준 것이다. 이런 놀라운 결정을 한 사람은 삼정펄프의 설립자인 전재준 회장이다. 전재준 회장은 "공장을 경영하면서 43년간 먼지와 소음을 내뿜어 지역 주민들에게 많은 불편을 주어 미안하게 생각했는데 안양시민들에게 돌려주는 것이 당연하다"라며 당시 300억원 대(현 500억 원 추정)의 공장 부지를 기증한 것이다.

이렇듯 개성상인들은 이익을 취하기 위한 노력을 하는 것만큼 사회에 환원을 해야 한다는 경영철학을 가지고 있다. 하지만 많은 사람들이 개성상인들의 사회 환원에 대해서 잘 모르는 이유는 개성상인들이 이런 사회 환원이 기업이 해야 할 당연한 의

무라고 생각하기에 별 다른 홍보를 하지 않기 때문이다. 이러한 상인정신에서 오늘날 우리 기업들이 어떤 철학과 윤리의식을 가지고 장사를 해야 하는지 그 맥을 짚을 수 있다.

헤쳐나갈 수 있다는 의지를 가져라

중국인들의 느려터진 천성을 흔히 '만만디'라고 부른다. 그러나 저장 상인들은 만만디 근성을 상술에 이용한다. 거래를 할 때도 가장 좋은 조건이 들어올 때까지 생각하고 또 생각하며 기다린다. 급기야 거래처에서 지쳐 무릎을 꿇고 승복할 때까지 끝없이 게으름을 피우는 것이다. 거래에서만큼은 결국 성질 급한 사람이 지게 마련이다. 그들은 만만디 근성을 기막히게 상술에 이용하고 있다. 그들은 이렇게 자신들의 단점마저도 장사에 이용해 이득을 얻어내는데, 이러한 모습은 그들의 성공에 대한 강한 의지라고 생각한다.

실제로 저장 상인은 모험심이 강해서 앉아서 성과를 기다리지 않고, 직접 나가 성과를 만들어오는 스타일이다. 그래서 그들은 한번 일을 시작하면 성과가 날 때까지 포기하지 않는 불굴의 의지를 지녔다. 아무리 힘이 들어도 신념과 목적을 가지고 있기 때문에 위기를 헤쳐나가며 목적을 이뤄낸다.

다후 라이터가 좋은 예다. 다후 라이터는 자사 브랜드인 '호랑이' 상표가 붙은 제품을 생산하는 업체로서 한 해에 1,000만 개의 라이터를 수출하고 있다. 우리 돈으로 바꾸면 약 520억 원에 달할 정도로 막대한 이익을 창출하고 있는데 이는 400여 개의 다른 라이터 업체와 비교해봤을 때 단연 두드러지는 판매 실적이다. 라이터 분야에서만큼은 세계 최고라고 볼 수 있다.

모든 사업이 그렇듯 다후 라이터 역시 처음부터 지금처럼 잘나가지는 않았다. 1995년 당시 온주의 라이터 업계는 경쟁이 과열되어 제 살 깎아먹기 식의 경쟁을 하고 있었다. 다후 라이터 역시 다른 업체와 상황이 다르지 않았다. 고급 제품만 고집하던 다후 라이터였기에 더욱 어려운 상황에 처하게 되었다.

이때 구원의 손길이 있었는데, 일본 라이터 업체인 히로타에서 다후의 생산력과 히로타의 기술을 결합한 합작회사를 세우자고 제안한 것이다. 짐작건대 누구라도 당장 합작을 하려고 했을 것이다. 당장 하루하루 먹고 살기가 어려운 판국에 다른 것을 생각할 여유가 없었기 때문이다.

하지만 많은 사람의 예상을 깨고 다후 라이터의 우다후 사장은 그 달콤한 제안을 과감하게 뿌리쳤다. 자신의 브랜드인 호랑이를 버리고 히로타를 사용한다는 것도 마음에 들지 않았지만, 더 중요한 것은 지금이 회사가 망할 위기라고 생각하지 않았기 때문이다. 그는 아무리 힘들어도 조금만 더 고생하고 버티면 분명 희망찬 날이 올 것이라 생각했다. 이를 중국에서는 '츠크나이라오'라고 하는데, 고생을 두려워하지 않고 어려움을 참고 견디는 것을 의미한다. 결국 다후 라이터는 그때의 제안을 거절하고, 어려운 시기를 견뎌내어 마침내 세계 시장에서 품질로 인정받으며 중국을 대표하는 기업 중 하나로 성장할 수 있게 되었다.

틈새를 찾고 결정적인 순간에 가장 빠르게 움직여라

오늘날 기업을 운영한다는 것은 전문적인 영역에 속한다. 흔히
말하듯 운에 맡기고 할 수 있는 일이 아니라는 것이다. 옛말에
"큰 장사에는 큰 도리가 있고, 작은 장사에는 작은 도리가 있
다. 장사마다 저마다의 방법이 있다"라는 말이 있다. 이는 상업
또한 일종의 전문적인 기술을 요구한다는 뜻이다. 그리고 모든
기술의 핵심은 정확한 거점을 정하는 것으로 귀결된다. 그렇지
않으면 정확하고 신속하게 시장에 진출할 수가 없기 때문이다.
영업이든 제품생산이든 틈새를 찾아내야 한다. 그런 후 시장에
뛰어들어 신속하게 일련의 행동을 전개하는 게 좋다. 과녁이 좁
다고 하소연하지 말고, 과녁을 넓혀놓은 뒤 화력을 집중해서 활

을 쏘라는 말이다.

틈새만 찾을 수 있다면 어떤 기업이라도 기적을 만들 수 있다. 대기업의 협력 업체였던 기업도 대기업을 제치고 업계의 최강자가 될 수 있다. 그렇게 되기 위해서는 일단 상대의 문제점, 즉 틈새를 알아야 한다. 다음은 미국의 한 저널회사가 남긴 말이다.

"무엇이든 업계 최고가 되지 못할 바에야 우리는 아예 시작하지 않는다."

이 말에 담긴 이념은 기존 기업들의 뒤만 쫓지 않겠다는 것이다. 시장에서 독보적인 존재가 되고 싶다는 강한 신념을 바탕으로 전략을 세워야 한다. 업계 최고가 될 수 있는 그 방법이 바로 틈새를 찾는 데 있다.

틈새를 찾았다면 그 다음은 행동이다. 현대의 기업 중에는 빠르게 움직여서 승리를 거둔 경우가 많다. 이는 저장 상인들에게서 특히 자주 나타나는 특징이기도 하다. 한 경제학자가 저장 상인을 유형에 따라 분류했다. 그의 분석에 따르면 난춘후이는 힘들어도 끝까지 필사적으로 싸우는 스타일이고, 지리 자동차의 대표인 리슈푸는 바람을 거스르는 모험가 스타일이며, 왕리

철은 흐름을 탈 줄 아는 전략가 스타일이다. 이렇게 모두 유형이 다르지만 하나의 공통점을 찾는다면 그것은 결정적인 순간에 가장 빠르게 움직여 승리했다는 점이다.

쫑치촨은 앞에 소개한 기업가들처럼 빠른 것으로 큰 것을 물리치는 전술에 매우 능한 전략가다. 중국에서는 저장성의 나아이쓰를 모르는 사람들이 거의 없다. 이에 반해 정작 나아이쓰가 창조해낸 기적에 대해서는 중국 사람들도 잘 알지 못한다.

나아이쓰는 중국 내 118곳의 비누 생산업체 중 117위에서 출발해 놀라운 도약으로 7년 연속 부동의 1위를 차지했으며, 회사의 이윤은 업계 전체의 3분의 2에 달할 정도로 엄청나다. 그리고 세탁용 세제를 출시한 즉시 전국 판매 1위를 차지했으며, 글로벌 기업들이 중국에서 올린 매출액의 4배를 달성했다. 나아이쓰 치약은 출시하자마자 바로 1억 개 이상이 팔리는 기적을 창출했고, 주방용 세제는 시장 1위를 바짝 추격했다. 저장성의 리쉐이라는 편벽한 곳에 위치한 평범한 기업이 겨우 7년 만에 국내 업계의 패자가 되었으니 이것은 결코 쉽게 넘어갈 수 없는 성공 사례인 것이다.

수도 없이 강조했지만 저장 상인의 경영철학 중에는 이러한 상업규칙이 있다.

'규모가 작은 것을 걱정하지 말고 제품이 적은 것을 겁내지 마라. 무엇보다 내딛는 보폭이 좁은 것이야말로 가장 염려해야 할 문제다.'

시장에서 기회는 순식간에 왔다가 가버리기 때문에 그 순간을 붙잡지 못하면 놓쳐버리게 된다. 지금 이 순간에도 수많은 모험가들이 선두를 다투고 있어 시장의 공백이 점점 사라지고 있다. 그런데 저장 상인들은 일단 기회를 잡으면 절대 놓지 않고 빠른 것으로 큰 것을 제압한다. 용맹하게 생긴 동물이라고 해서 무조건 몸이 거대한 것은 아니다. 그래서 표범이 자신보다 큰 물소를 잡아먹고, 악어는 물속에서 강을 건너가는 말을 공격할 수 있는 것이다.

저장 상인들이 성공할 수 있었던 이유 중 하나는 바로 크기에 집착하는 게 아니라 틈새를 발견하고 가장 빠르게 다가가 자신의 것으로 만드는 스타일이었기 때문이다. 시장에 대한 신속한 반응, 그것이 그들의 경쟁력인 것이다.

Part 2

삼국의 대표
거상들

일본의 경제를 부활시킨
원동력을 찾아서

장사가 아닌 것은 생각하지도 마라

오사카 상인의 핏줄이라면 반드시 엄수해야 할 상인으로서의
행동 원칙이 있다. 바로 정리와 돈 계산이다. 이 조건을 갖추지
못하면 오사카 상인이라고 할 수 없을 정도다. 어디까지가 이득
이고, 어디서부터 손해인지 예리한 직관으로 바로 판단할 수 없

는 사람은 제대로 장사를 할 수 없다.

그들은 언제 어디서든 장사에 대한 생각만 한다. 그래서인지 오사카 상인들의 인사법은 '안녕하십니까?'가 아니라 '오늘은 좀 벌었는가?'이다. 그들은 이 말이 늘 입에 붙어 있다. 자나깨나 머릿속에는 돈벌이에 대한 생각으로 가득 차 있다는 것이 인사에서도 나타나는 것이다.

이와 관련된 이야기가 하나 있다. 미쓰비시 은행에 갓 입사한 젊은 은행원에 관한 에피소드다.

이 은행원은 오사카 지점에서 첫 근무를 시작하게 되었다. 대학을 나온 지 얼마 안 된 신참이기 때문에 처음에 오사카 상인들의 빠른 계산을 당해낼 수가 없었다. 고객이 질문을 하면 빠르게 계산을 해서 상품에 대한 설명을 해줘야 하는데 바로 대답을 하지 못하고 쭈뼛쭈뼛 하기 일쑤였다.

만약 천만 엔을 신탁으로 5년을 맡기면 얼마가 되는지에 대한 계산을 하려고 하면 보통은 계산기가 필요하겠지만 오사카 상인들에겐 계산기가 필요 없다. 오사카 상인은 이미 암산으로 이자며 원리금이며 계산이 되어 있다. 그들은 나름대로 이자 암산법을 터득해놓고 있어서 순식간에 암산을 하는 능력을 갖고 있는 것이다.

일본 경영의 신, 마쓰시타 고노스케는 대공황과 제2차 세계 대전 등 각종 사회경제적 위기에도 흔들리지 않고 회사를 발전 시켰다. 그리고 우리는 그를 '경영의 신' 혹은 '경영의 천재'라 고 표현한다. 그가 수많은 위기에도 불구하고 실패하지 않고 끊 임없이 발전할 수 있었던 비결은 그가 타고난 '천재'이기 때문 이 아니라 정말 죽을 만큼 노력했기 때문이다.

그는 처음으로 일을 시작한 가게의 주인으로부터 노력에 대 한 교훈을 얻었다. 가게 주인은 그에게 이렇게 말했다.

"고노스케, 다 잊어도 이것만은 잘 기억해둬야 한다. 어엿한 한 사람의 상인이 되기 위해서는 소변이 빨개지는, 그러니까 소 변에 피가 섞여 나올 정도의 고통스러운 일을 한두 번쯤은 겪어 야 한다. 그렇지 않으면 어엿한 상인이 될 수 없단다."

그리고 마쓰시타 고노스케는 이 말을 평생 동안 가슴에 담 고 실천했다. 상인이 된다는 것은 그런 것을 의미한다는 것을 잊지 않았다. 그래서 안 되는 일이 있으면 될 때까지 생각하고 실천하는 것을 반복했다. 결국 그는 천재로 태어난 것이 아니 라, 노력을 하다 보니 그렇게 된 것이다.

오사카 상인들이 얼마나 비즈니스에 전념을 하는지 알 수 있는 대목이다. 그들은 눈을 뜨면 장사에 대한 생각을 하기 시작한다. 어떻게 하면 좀 더 빠르게 계산을 할 수 있을까? 어떻게 하면 매출을 높일 수 있을까? 다음 달에는 뭘 팔면 더 많은 이익이 날까? 그들은 이런 수많은 고민을 하면서 더욱더 장사의 귀재가 되는 것이다.

상인 정신의 본고장, 오사카 최고의 상인들

다이쇼 시대의 한 잡화상의 사환이었던 우스보케 미키치의 이야기는 상인이란 어떤 생각을 갖고 장사를 해야 하는가를 보여주는 좋은 예라고 할 수 있다. 손님이란 아주 조금이라도 싸다는 소문이 있으면 그곳이 아무리 먼 곳이라도 찾아가는 경향이 있다. 이때 손님이 싼 곳을 찾아가는 이유는 단지 그곳이 다른 곳보다 싸게 팔기 때문만은 아니다. 조금이라도 남들보다 싸게 파는 상인의 마음에 은근히 끌리기 때문이다. 장사를 하는 사람은 이 점을 잘 알아야 한다.

미키치가 일하는 잡화상은 매상이 잘 오르지 않았다. 장사가 잘 되지 않자 주인은 맥이 빠져 하루는 아예 아침부터 자리를 비우고 놀러 나갔다. 미키치는 주인이 놀러 나간 상점에 홀로 앉아 있었다. 그러다가 문득 선반이 더러워진 것을 보곤 손님이 보기에 불결해 보일 것 같아 청소를 하기 시작했다. 그렇게 미키치는 선반을 닦고 물건을 다시 정리하다가 팔다 남은 재고 상품을 발견하게 되었다. 그것들은 이미 팔다 남은 상품이라 다시 앞에 진열을 한다 해도 잘 팔리지 않을 상품이었다. 그래서 그는 재고 상품을 팔 좋은 아이디어를 생각해냈다. 재고 상품 앞에 '골라잡아 20전'이라는 광고판을 내건 것이다. 그러자 눈 깜빡할 새에 재고 상품들이 다 팔려나갔다.

저녁에 돌아온 주인은 미키치가 한 일을 보고 칭찬을 하며 이렇게 말했다.

"팔리지 않는 재고를 현금으로 바꿔놓는 것은 잘한 일이다. 그거야말로 장사의 첫 번째 수완이다. 넌 장사꾼 기질이 다분하구나."

하지만 미키치는 재고를 쌓아두는 게 장사를 하는 데 좋지 않다는 것을 어디에서 배운 게 아니었다. 장사를 하다 보니 어느새 터득한 것이었다.

미키치가 장사꾼으로서의 면모를 보인 또 다른 일화가 있다. 미키치가 일하고 있는 잡화상의 주인은 잡화상 하나만으로는 돈벌이가 신통치 않았다. 그래서 늘 돈타령을 했는데, 그러다 주인은 이런 생각을 했다. 오전과 오후의 매상액을 나눠서 오전에 판 이익은 매일 저축하기로 하고, 오후에 판 물건의 이익금은 살림에 보태기로 했다.

하지만 미키치의 생각은 달랐다.

"그런 것보다는 매상을 두 배로 올리는 방법이 있으니 해보시죠."

"아니, 그런 방법이 세상에 어디 있느냐."

주인은 말도 안 된다며 무시하는 눈으로 미키치를 바라보았지만 미키치는 아랑곳하지 않고 이렇게 말했다.

"진열하는 상품을 구별하는 것입니다. 오전에 팔 상품과 오후에 팔 상품을 분류해서 바꿔주는 거죠."

주인은 미키치의 말을 믿지 못했지만 일단 그렇게 해보기로 했다. 이런 미키치의 제안은 그냥 나온 것이 아니었다. 미키치는 가게에서 장사를 하면서 오전에 팔리는 상품과 오후에 팔리는 상품이 전혀 다르다는 것을 알아냈던 것이다. 물론 진열을 계속 바꾸는 것은 신경이 쓰이는 일이었지만 꾸준하게 실천해보았다. 그러자 정말 미키치의 말대로 매상이 두 배로 올랐다. 미키치는 재고가 장사에 안 좋다는 것도, 매출을 두 배로 올리는 방법도 누군가에게 배운 것이 아니었다. 장사를 하면서 스스로 생각하며 몸소 체득한 것이었다.

　오사카 상인들은 장사 방법을 선생이나 학자에게 배우는 것이 아니라고 생각한다. 가장 좋은 선생은 바로 경험이기 때문이다.

오사카 상인의 유래

세기를 뛰어넘는 전통을 가진 오사카 상인이 세상에 알려지기 시작한 건 도요토미 히데요시 시절부터다. 당신 일본은 "밖에서는 무사, 안에서는 상인"이라는 말이 있을 정도로 상인의 경제력이 중요하다는 생각을 가지고 있었다. 경제력, 상인의 힘이 얼마나 중요한지 알고 있었던 도요토미 히데요시는 일본 정국을 하나의 시장으로 보고 오사카를 경제의 중심지로 정하고 키우기 시작했다.

　그는 쌀을 비롯한 모든 중요한 물자를 오사카에서 거래하고 내로라는 상인들을 오사카로 끌어 들이기 시작했다. 이때부터 오사카는 일본 경제의 중심이자 천하의 부엌으로 불리게 되었고, 오사카에 정착한 일본 최고의 상인들은 그 후 수백 년간 오사카를 물산의 중심, 상거래의 중심으로 만들어왔다.

바로 이것이 오늘날, 오사카 상인이 일본 상인 정신을 대표하게 된 배경이다. 일본에는 그 상인 정신을 대표하는 단체가 하나 있는데, 앞서 말했듯 바로 노렌 100년회다. 역사가 길다는 것은 옛날 것만을 고집하고 이어나가려 한다고 해서 가능한 게 아니다. 시대 속에서 새로운 것을 추구하고 새로운 것을 배우려고 하는 태도가 중요하다. 오사카 상인들의 이와 같은 노력의 역사는 새로 생긴 벤처 기업들에게 많은 영감을 준다.

그리고 이 단체에서는 100년이 넘은 오래된 기업이나 가게를 소개하는 자료를 만드는 일도 하는데, 자료를 살펴보면 오사카에는 1400년이 넘은 밀레니엄 기업인 공고구미와 400년 이상의 전통을 가진 먹 회사 고바이엔을 비롯해서 100년이 넘은 가게, 즉 '시니세(老鋪)'가 500개를 넘는 것을 알 수 있다. 그래서 이곳 회원들은 더욱 긍지를 가지고 오사카 노포의 역사를 정리한다.

100년 이상의 전통을 가진 시니세가 오사카보다 많은 도시는 세계 어디에서도 찾기 힘들다. 이 시니세들은 일본 경제의 과거, 현재, 미래에 큰 영향을 끼치고 있다.

또한 오사카는 오사카 상인의 정신을 길이 남기기 위해서 오사카 상인의 혼을 한눈에 볼 수 있는 오사카 기업가 뮤지엄을 만들었다. 여기에는 메이지 시대부터 현재까지 130여 년간 오사카를 대표해온 기업가 105명과 고객의 입장에 서서 뛰어난 아이디어를 발휘한 상품들이 가득하다. 바로 이런 상인 정신으로 일본 내에서도 굴지의 기업을 이끌고 있는 오사카 상인들, 인스턴트 라면과 회전 초밥 등 아무도 생각하지 못했던 창의적인 상품들의 상당수가 오사카 상인들의 작품이다.

독창적인 아이디어로 성공을 일군 기업을 말할 때 사쿠라 크레파스를 빼놓을 수 없는데, 파스텔의 유연함과 다루기 쉽다는 크레용의 장점을 겸비한 크레파스를 최초로 만든 기업이다. 다이쇼 시대 초기에 당시 사쿠라 상회는 어린이들이 도화지 가득 마음껏 그릴 수 있는 새로운 그림 재료를 연구했고, 1924년에 마침내 세계 최초로 크레파스를 만들어내게 되었다.

오사카 기업가 뮤지엄에는 이런 선대의 뛰어난 상인 정신을 본받기 위한 젊은이들의 발길이 끊이지 않는다. 오사카 기업의 도전과 혁신 정신을 후대에 물려주기 위해 오사카 기업가 뮤지

엄은 첨단 데이터베이스 시설로 무장한 채 차세대 오사카 상인
을 기다리고 있다.

350년 역사의 하코 초밥 전문점, 스시만

초밥의 본고장인 오사카답게 오사카에는 많은 초밥집이 있지
만 그 중에서 가장 전통이 있는 초밥집을 고른다면 스시만을 꼽
을 수 있다. 스시만은 1653년에 개업한, 일본에서 가장 오래된
초밥집이다. 사실 개업 당시엔 초밥을 파는 것은 부업이었고,
생선을 파는 것을 주업으로 하던 곳이었다. 당시에 숭어의 치어
를 잡아 배를 가른 후 거기에 밥을 채워 발효시킨 초밥을 팔았
는데, 스시만은 이 초밥을 황실에 납품하게 되면서 유명해지기
시작했다. 하지만 싸구려 생선인 숭어를 황실에 납품할 수는 없
어 숭어 대신 도미를 사용하였는데 이것이 오늘날 초밥의 시초
가 되었다.

스시만의 전통은 350년이 넘는데, 지금도 과거의 초밥을 만
들던 방식을 고수하고 있다. 사실 초밥은 생선과 밥, 고추냉이
와 식초만 있으면 만들 수 있는 간단한 음식이라고 생각할 수도

| 스시만의 정문

있다. 하지만 반대로 생각해보면 방법이 간단하기 때문에 더욱 잘 만들기가 어려운 음식이다.

스시만의 초밥은 여러 부분에서 다른 초밥과는 다르다. 스시만의 밥을 짓는 과정을 통해 스시만의 차별성을 한번 알아보자.

향기로운 밥을 짓기 위해선 가장 먼저 다시마를 우려내는데 여기에 사용되는 다시마는 당연 최상품이다. 스시만은 쌀과 생선은 물론 간장, 식초, 다시마, 나무 장작마저도 철저하게 최상의 제품만을 고집한다. 쌀을 씻는 물 역시 가장 좋은 물을 사용

스시만 초밥의 가장 기본이자 가장 어려운 요리는 밥이다. 수백 년 동안 내려온 방법으로 40년 째 밥을 지어온 스시만의 조리장

한다. 수백 년간 이어온 방식 그대로 1분의 오차도 없는 정확한 시간 동안 씻어낸 쌀이다. 그리고 백 년 넘게 사용해온 화로에서 밥을 짓는다. 가마솥 밥은 불길이 센 만큼 잠시라도 딴청을 피우면 순식간에 밥을 망치기 때문에 온 정신을 집중해야만 한다. 결국 밥은 스시만의 기본이자 가장 어려운 요리인 것이다.

장작불 조절에 따라 금세 태우기도 설익기도 하기 때문에 뜸을 들이기 위해 숯을 넣고 빼는 것은 숙련된 조리장만이 할 수 있다. 수십 년간 밥을 지어온 조리장이라 해도 단 한시도 눈을 떼지 않고, 조금의 변수도 허락하지 않아야 어제와 똑같은 고슬고슬한 밥을 지을 수 있는 것이다. 화력 조절은 특히 어려운데, 수분이 남은 채 밥을 지으면 밥이 딱딱해지기 때문이다. 그래서 신참들은 밥을 잘 짓지 못하고 밥을 짓게 허락하지도 않는다.

이런 과정을 통해 밥이 완성되면 나무 주걱을 사용해서 수분이 흡수되는 대나무 통으로 옮긴다. 밥이 체온 정도로 식었을 때 미림과 식초, 소금 등으로 만든 스시만 특유의 양념으로 조미를 하게 된다. 양념을 골고루 입히되 밥알이 으깨어지거나 뭉치지 않아야 하기 때문에 이 과정 역시 쉽지 않다. 오사카의 초밥은 재료가 우선이 아니라 밥이 우선이다. 재료가 40퍼센트, 밥이 60퍼센트를 좌우한다는 오사카만의 초밥 맛이 나기 위해

│350년 된 스시만의 히로유키 오구라 사장

서는 밥이 중요할 수밖에 없다. 그래서 오사카 최고의 초밥집인 스시만에서 밥을 짓는다는 것은 오사카 초밥의 전통을 이어가는 과정이라고 해도 과장이 아니다. 때문에 밥은 요리를 시작한 지 20년은 되어야 지을 수 있고, 지금의 조리장은 40년 동안 밥을 짓고 있다.

그렇다고 스시만이 오직 밥에만 정성을 들이는 것은 아니다. 스시만은 40년 이상을 한 생선 가게와 거래하면서 오로지 손낚시로 잡아 올린 생선만을 들이고 있다. 그리고 생선 손질에도 정성을 들이고 있는데, 현재 회를 뜰 수 있는 사람은 밥을 40년 이상 지어온 조리장과 45년 경력의 초밥 장인뿐일 정도다. 최고의 장인이 최고의 재료를 사용해 만드는 스시만의 초밥은 아무래도 다를 수밖에 없다.

마지막으로 초밥을 향기로운 대나무 잎으로 꼼꼼히 싸면 스시만의 전통 초밥인 하코 초밥(상자 초밥)이 완성된다. 그리고 조리장이 틀에 찍어내 케이크나 떡처럼 된 초밥을 서슴없이 잘라내는 것처럼 보이지만 자로 잰 듯 정확하게 6.6센티미터의 크기를 벗어나지 않는다.

이런 복잡한 과정을 통해 350년 전 방식으로 나무 조각에 맞춰 만드는 상자형 초밥인 하코 초밥이 완성된다. 위의 과정에서 보듯 하코 초밥은 손이 많이 가지만 그만큼 전통이 살아 있다.

작은 생선 가게로 시작해 지금은 일류 호텔을 비롯, 전국 곳곳에 31개의 분점을 낸 스시만은 일본 최고의 미식가들이 모여 있는 오사카의 중심에 서서 오사카 초밥의 천년 전통을 이어가고 있다. 100년 넘게 사용한 가마솥과 장작불로 초밥에 사용할 밥을 짓고, 그 밖의 재료도 철저히 최상의 제품들만 사용하기 때문에 350년이 지난 지금도 일본 사람들의 사랑을 받고 있는 것이다.

| 오쿠라야 야마모토의 입구 전경

노렌으로 유명한 다시마 가게, 오쿠라야 야마모토

일본의 유명한 소설가인 다니자키 준이치로는 도쿄의 맛보다 오사카의 맛이 더 뛰어나다고 말하며 이런 표현을 했다.

"오사카의 맛이 상전이라면, 도쿄의 맛은 아랫것이다."

실제로 일본에 살고 있는 많은 사람들은 오사카의 맛이 도쿄보다 뛰어나다고 생각한다. 그 이유는 무엇일까? 왜 같은 재료를 쓰면서도 더욱 뛰어난 요리사가 많은 도쿄의 맛이 오사카보다 떨어지는 것일까? 답은 다시마다. 우리나라도 다시마를 많이 사용하지만 일본에서는 음식의 맛을 내기 위해 반드시 필요한 게 다시마다. 그래서 다시마가 상대적으로 좋은 오사카의 맛이 도쿄의 맛보다 우월한 것이다.

더구나 국물 요리가 많은 일본이기 때문에 다시마는 모든 가정에서 반드시 가지고 있어야 할 식재료다. 그래서 일본에서는 선물 1순위가 바로 다시마다. 가격이 비싸지지 않으면서 반드시 필요한 것이기 때문에 부담 없이 선물을 하기에 좋다. 그래서 일본에는 수만 개의 다시마 가게가 있다. 그 중에서도 가장 사랑받는 다시마는 오쿠라야 야마모토의 것이다. 가장 전통이 있고, 믿을 만한 제품이라고 생각하기 때문에 일본 사람들은 오쿠라야 야마모토의 제품이라면 믿고 구매한다.

세월의 풍상이 덮인 나무 현판이 인상적인 오쿠라야 야마모토의 외관을 보면 누가 설명하지 않아도 그 역사가 그대로 느껴진다. 본래 유명했지만 오쿠라야 야마모토가 좀 더 대중들에게 친숙해지는 계기가 하나 있었다.

일본의 유명 여류 작가인 야마자키 도요코의 소설 『노렌』의 배경이 된 이곳은 후에 영화와 드라마의 배경으로 등장해 대중에게 익숙해졌다. 그 이후로 전국 수천, 수만 개의 다시마 가게 중 일본인들이 가장 선호하는 점포로 굳건하게 자리 잡게 되었

일본 국민들의 선물 1순위, 오쿠라야 야마모토의 선물용 다시마. 까다로운 일본인들이 가장 선호하는 다시마 상점이다.

다. 게다가 최근에 출시한 에비쓰메를 비롯한 다시마 가공품들이 성공을 거듭하면서 현재 35개의 직영점과 300개의 백화점 지점을 거느리고 있으며 모든 백화점의 노른자위에 자리 잡은 채 고객의 두터운 신뢰를 받고 있다.

오쿠라야 야마모토가 다시마를 가공하는 공정을 한번 살펴보자. 일단 다시마의 고향인 홋카이도에서 최상품의 다시마를 공수해온다. 그렇게 공수한 다시마는 겉면에 묻어 있는 불순물이나 소금을 말끔히 닦아낸 다음 다시마를 잘라내는 공정을 거친다. 이때 공정에 투입되는 사람은 일본에서도 손꼽히는 전문

▲ 2010. 6. 7. 연세대 백주년기념관에서 있었던 저자 강연회 모습

말하기가 스펙보다 더 중요하다!

이제 당신도 말을 잘할 수 있다!

16년간 200만 명의 청중을 열광시킨 마법의 말하기 전략

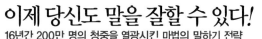

조직원에게 감동과 영향력을 주는 리더가 되고 싶다면?
이 책을 읽어라! _이승한 (홈플러스 회장)

대한민국 국민 모두가 재미, 흥미, 의미가 담뿍 담긴 스피치를
신나게 즐기는 그날이 하루 빨리 오기를 소망한다. _이재용 (아나운서)

이 책을 읽다 보면 자기표현뿐 아니라 대중과
공감하는 법도 배울 수 있다. _김미화 (방송인)

김미경 지음 / 값 15,000원

가들이다. 용도별 과정별로 전문가 단 한 사람만이 할 수 있는 비법이 있기 때문에 장인들의 자부심이 대단할 수밖에 없다.

오쿠라야 야마모토에서 가장 잘 나가는 품목은 반듯한 상자에 담긴 선물용 다시마다. 이 제품이 전체 매상의 80퍼센트 이상을 차지하고 있을 정도로 인기가 높다. 일본인들이 명절에 가장 받고 싶은 선물이 바로 오쿠라야 야마모토의 다시마일 정도로 그 인기는 대단하다. 이렇게 오쿠라야 야마모토는 1848년 처음 노렌을 걸고 150년을 훌쩍 넘긴 긴 세월 동안 일본인의 밥상을 책임지고 있다.

건전한 기업 정신이 건전한 재무구조를 만든다, 글리코

오사카의 번화가인 도톤보리는 일본에서 네온사인을 가장 먼저 단 곳으로 오사카뿐만 아니라 일본 전체에서도 화려하기로 유명하다. 또한 도톤보리는 볼거리가 많을 뿐만 아니라 오사카 상인의 기질을 반영하는 거리로 알려져 있어서 관광객들의 카메라 세례를 받는 곳이기도 하다.

그 중에서도 최고의 명물로 꼽히는 게 하나 있는데, 바로

| 글리코의 상징, '달리는 육상선수'

　'달리는 육상선수'다. 8층 빌딩 벽에 붙은 채 1935년부터 아침부터 저녁까지 종일 달리고 있는 이 선수가 담긴 네온사인의 주인은 과자회사인 글리코다. 1935년부터 지금까지 영양 과자 글리코를 잘 나타내주고 있는 이 육상선수는 홍보물 광고 선전의 천재로 불리는 글리코의 창업자인 에자키 리이치가 고안한 것이다. 그는 영양이 가득 담긴 과자를 어떻게 광고하면 좋을까 고민하다가 숨박꼭질을 하다가 골인 지점에서 기뻐하는 아이들의 모습을 보고 아이디어를 얻었다. 스포츠는 건강과 밀접하

니까 달리는 육상선수의 골인하는 모습을 적용한 것이다.

또한 글리코는 경품으로도 유명한데, 1922년 발매 당시 컬러 인쇄 카드로 시작해서 1927년부터는 본격적으로 작은 장난감을 봉입해서 함께 주기 시작했다. 이와 같은 경품 행사는 당시로서는 획기적인 아이디어로 대성공을 거두었고, 경품 장난감은 80년이 넘는 세월 동안 2~3개월 사이클로 종류를 바꿔 지금까지 만들어진 장난감의 수는 무려 52억 개에 이를 정도다. 글리코의 한 관계자는 글리코의 성공 비결을 이렇게 말하고 있다.

"전국적으로 과자에 장난감을 끼워 판 것은 글리코가 처음이었다. 아이들의 영양을 생각해서 과자를 만들었는데 노는 것과 먹는 것을 적절하게 조합해서 둘 다 만족시켰던 것이 주효했다."

글리코는 지금까지도 과자에 장난감을 끼워넣어 팔고 있는데 여전한 인기를 얻고 있다. 보통 기업이라면 아이들에게 장난감을 끼워 팔 경우 코 묻은 돈을 노리고 있다고 질타를 받겠지만, 아이들의 건강을 생각하는 기업인 글리코가 하는 일이기 때문에 오히려 존경을 받고, 대를 이어 먹는 과자로 자리 잡고 있는 것이다.

아이들에게 좋은 과자를 제공하면서 장난감이라는 즐거움

도 선사하는 글리코의 건전한 기업 정신은 2005년 3월 기준 매
상 1,296억 엔, 경상이익 26억 엔을 올리면서 건전한 재무구조
로 보답을 받고 있다.

일본에서 가장 오래된 기모노 가게, 고다이마루

일본인들은 딸이 시집을 갈 때 어떤 선물을 할까?

답은 기모노다. 명절이나 대학 입학식 등 공식적인 행사가
있을 때 일본인들은 늘 기모노를 떠올린다. 그리고 좀 더 세부
적으로 들어가 오사카인들에게 이 질문을 던지면 그들은 최고
의 기모노를 만드는 상점인 고다이마루를 떠올린다.

우리나라에 한복이 있듯 일본에는 기모노라는 전통 의상이
있다. "기모노는 입어도 예술, 걸어놓아도 예술"이라는 말이 있
을 정도로 아름다운 옷으로 알려져 있다. 그래서 한 벌에 수백
만 원 이상 하지만 일본 여성이라면 한 벌 이상의 기모노를 가
지고 있는 게 보통이다.

고다이마루는 일본 최고의 기모노를 파는 가게인데, 고다이

마루가 처음 기모노를 팔기 시작한 것은 1827년부터다. 사실 고다이마루는 헌 옷을 팔던 가게였다. 헌 옷을 사서 다시 재단을 하고 바느질을 해서 귀족이 아닌 일반인들을 타깃으로 장사를 하던 곳이었다. 이런 헌 옷 장사를 3대에 걸쳐 무려 67년간 하다가 1827년 4대째에 이르러 포목점으로 전환하여 기모노를 팔기 시작한 것이다.

누구나 한 벌씩 가지고 있어야 하지만 쉽게 살 수 없는 기모노의 특성상, 고가의 기모노를 구입할 수 없는 경우엔 중고 기모노를 고쳐서 입는 경우도 많다. 명품 기모노 가게인 고다이마루에서는 옷감이나 문양이 상한 것을 깔끔하게 보수해주는 등 사후 관리에서 최선을 다한다. 그래서 한번 고다이마루의 고객이 되면 그 딸이, 그 손녀가 대를 이어 고다이마루를 찾게 된다. 대를 이을 수 있는 또 다른 이유는 색깔, 모양 등이 전통적인 것을 그대로 살려서 할머니가 엄마에게, 엄마가 딸에게 물려주어 입어도 될 정도의 기모노를 만들고 있기 때문이다.

이런 고다이마루의 기술적인 차별화는 1940년 태평양 전쟁 중 개인 상점으로는 유일하게 영업을 할 수 있게 만들었다. 일본 당국이 고다이마루의 기술을 장려하고 보존해야 한다는 취지로 유일하게 영업을 허락했던 것이다.

나라의 보호를 받을 정도로 그 기술력을 인정해주는 고다이마루의 전략은 무엇일까? 이에 14대 주인인 시라이 쇼이치는 "일시적인 유행에 편승하기보다는 제대로 된 물건을 만들겠다"라는 신념을 말하며 고다이마루의 미래에 대해서 말해주고 있다. 그래서 그는 보다 좋은 제품을 만들기 위해서 협력 업체들에게 물질적인 지원까지 해주고 있다. 고다이마루의 발전 과정을 알고 있는 사람이라면 14대 주인이 말하듯 '어제보다 나은 제품을 만드는 것'이 바로 고다이마루가 발전하는 길이라는 것에 대해 동의할 것이다.

일본 최초이자 최고의 백화점, 다카시마야

다카시마야 백화점의 창업주인 아이다 신히치는 죽기 전에 후손들에게 이런 유언을 남겼다.

"물건이 좋고 나쁜지를 미리 고객에게 알리고 팔아라. 빈부 격차에 따라 손님을 차별하지 마라."

그의 유언은 어찌 보면 비즈니스의 기본이라고 할 수도 있

1919년, 철로변에 사람 키의 다섯 배나 되는 큰 천을 걸고 '아이다 포목점'이라는 글귀를 써 넣은 다카시마야의 아이다 신히치. 이것이 바로 일본 최초의 옥외광고다.

다. 하지만 사실 비즈니스를 하는 사람은 이익을 남겨야 하기 때문에 손님에 따라 차별을 하게 되고, 물건이 안 좋아도 좋은 것처럼 꾸며서 팔기도 한다. 물론 이런 형태의 장사는 이익이라는 순간의 기쁨을 주기는 하지만 장기적으로는 스스로를 망치는 일이다. 그래서 그것을 통찰하고 있는 아이다 신히치는 유언을 하는 순간에도 후손들에게 그런 이야기를 해준 것이다.

일본 최초의 백화점인 다카시마야는 처음엔 미곡상으로 창업했다. 50년간 미곡상을 하다가 1888년에는 포목점으로 업종

| 다카시마야 백화점의 초기 모습

을 바꿨다. 백화점이 된 건 1919년의 일인데, 포목점 시절의 다카시마야를 발전시킨 건 4대의 아이다 신히치(창업주와 이름이 같다)였다.

그는 당시로서는 파격적인 쇼윈도를 설치했다. 유럽 스타일의 쇼윈도를 설치해 제품을 전시했는데, 이것을 통해 다카시마야 포목점은 많은 사람들의 주목을 끌었다. 일본 최초의 옥외광고도 실시했는데, 기차가 지나가는 철로 변에 사람 키의 다섯 배나 되는 큰 천을 걸고 아이다 포목점이라는 글귀를 넣은 것이다. 그것도 굉장히 파격적이어서 세인의 주목을 끌기에 충분했다.

오사카에서 성장해서 세계로 진출한 다카시마야 백화점이 170년 이상 발전해오고 있는 가장 큰 이유는 아이다 신히치의 유언처럼 '정직하게 팔고, 신분 차별을 하지 않기 때문'이다. 그게 신뢰가 되어 다카시마야에서 파는 제품이라면 믿고 구입을 할 수 있게 된 것이다.

파격적인 홍보 전략을 선도하면서도 전통 문화의 중요성을 잃지 않고, 가난하든 부유하든 고객을 차별하면 안 된다는 원칙을 지켜온 다카시마야는 여전히 확고하게 일본 최고의 백화점이라는 위치를 지키고 있다.

돈은 사라지지만 명예는 사라지지 않는다. 그들에게 상술은 단지 돈을 벌기 위한 방법이 아닌 최고의 상인이라는 명예를 지키기 위한 방법이기 때문에 그 생명력이 더욱 길어진 것이다.

술을 팔면서도 존경받는 기업, 산토리

일본에서 술의 대명사로 통하는 산토리는 본래 약품을 파는 도매상이었다. 약품 도매를 하다가 일본의 근대화가 시작되면서

산토리 위스키 제조 공장의 내부 모습

위스키를 수입해서 판매하는 일을 병행했다. 그러다 수입해서 파는 것을 그만두고 1907년에는 단맛이 나는 포도주를 직접 만들어 팔았는데, 그게 의외로 일본의 '하이칼라'에게 인기를 끌자, 1921년에 마침내 위스키를 만들어 팔겠다는 결심을 하게 되면서 산토리의 본격적인 역사가 시작된다.

좋은 상품을 만들어 팔아야 한다는 신념을 가지고 있는 오사카 상인의 특성을 가진 산토리의 창업주 도리이 신지는 세계 최고의 위스키를 만들겠다는 일념에 서양에서 양조학을 배운 기사를 당시 대졸자가 받는 월급의 100배 이상을 주면서 스카우트하기도 했다. '제품 개발을 위해서는 모든 것을 투자한다'는 삼국 거상들의 공통적인 특성을 여기에서 또 다시 느낄 수 있다. 그리고 대졸자 월급의 100배 이상의 월급을 주며 기사를 스카우트한 그의 행동에서 필요 없는 곳에 돈을 쓰는 것은 싫어하지만 제품의 질을 높이기 위해서라면 돈을 아끼지 않는 오사카 상인의 특성을 느낄 수 있다.

산토리는 오사카 상인의 특성인 사회 환원 부분에 있어서도 긍정적인 평가를 받고 있다. 그 대표적인 예가 산토리 홀과 산토리 미술관이다. 산토리 홀은 1969년 창업 70주년을 기념하며 만든 것인데, 아직도 일본에서 손꼽히는 공연장 중 하나다. 그리고 세계적인 건축가인 안도 다다오가 설계한 것으로 유명한 산토리 미술관은 일본 고대 미술, 공예품, 도자기 등 약 2,000점의 미술품을 망라하고 있는 전시 공간의 명소로 이름이 나 있어 미술을 사랑하는 많은 일본인들의 사랑을 받고 있다.

이렇듯 산토리는 시민들에게 기쁨을 주고 사랑과 존경을 받고 있다. 위스키 한 병의 이익으로 미술관의 벽돌 하나를 쌓는 상인으로 불리는 산토리는 기업이 축적한 부를 어떻게 사회에 환원을 해야 하는지를 가장 잘 보여준다.

술을 파는 회사가 나라의 존경을 받는 것은 쉬운 일이 아니다. 술은 긍정적인 의미도 있지만 부정적인 의미가 더 많기 때문이다. 하지만 이런 척박한 환경 속에서도 산토리가 일본을 대표하는 거상으로 성장할 수 있었던 것은 단순히 이익을 뒤쫓는 것이 아니라 사회 환원을 통한 돈을 뛰어넘는 상도가 있었기 때문이다.

| 어머니와 함께한 어린 시절의 마쓰시타

오사카 상인 정신의 결정판, 마쓰시타 그룹

파나소닉의 창업주인 마쓰시타 고노스케의 삶은 오사카 상인
의 모습을 가장 완벽하게 보여준다고 할 수 있다. 지독한 가난
과 역경을 이겨낸 삶의 표상이기 때문이다.

마쓰시타는 유복한 환경에서 태어났다. 하지만 그의 행복은
길지 않았다. 모든 불행은 그가 여섯 살 때 일어났다. 그의 아버
지가 쌀 투기를 벌이다가 실패하면서 집안이 하루아침에 몰락

하게 된 것이다. 집은 물론 가지고 있던 논밭까지 날리는 상태가 되었다. 그렇게 가세가 기울자 마쓰시타는 초등학교를 마치지 못한 채, 돈을 벌기 위해 생업 전선에 나가야만 했다. 하지만 마쓰시타는 이 모든 고통을 고통이라고 생각하지 않았다. 그리고 이 고통이 자신의 성공 비결이었다고 표현하며 이런 말을 했다.

"하느님은 내게 세 가지 은혜를 주셨다. 첫째, 가난했기에 어릴 때부터 보모, 공장, 공원 등의 일을 하며 많은 경험을 쌓을 수 있었고 둘째, 몸이 약해 늘 운동에 힘써 건강할 수 있도록 해주었고 셋째, 초등학교도 졸업하지 못했기 때문에 세상 사람들을 모두 나의 스승으로 여기고 언제나 배우는 자세를 갖게 해주었다."

마쓰시타의 이 말은 오사카 상인의 모든 것을 나타내는 말이라고 할 수 있다. 가난과 배우지 못한 고통과 서러움을 이겨내고 끝내 성공하는 오사카 상인의 삶과 닮아 있기 때문이다.

"상인은 어려서부터 점원 노릇을 하며 자란다."

이것은 오사카 상인들이 굳게 믿고 있는 말이다. 상인 정신이 뛰어나야 성공할 수 있다는 그들의 체험에서 나온 말이다. 오사카 상인들은 아무리 풍족하다 할지라도 대를 이을 자식을 곱게 기르지 않았다. 남의 집 점원으로 보내서 경험을 쌓게 하는 것이 일반적이었다.

마쓰시타는 집안 형편이 좋지 않아 초등학교도 졸업하지 못하고 남의 집 점원으로 들어갔지만 어려서부터 뛰어난 상인 기질을 보였다. 가게 손님들 중에서는 그에게 담배를 사오라고 하는 식의 잔심부름을 시키는 사람이 많았다. 하는 일 자체가 바쁜데 심부름까지 해야 하니 일을 할 시간이 부족하다고 느낀 마쓰시타는 이런저런 궁리를 했다.

그러다 생각한 것이 바로 담배를 미리 사다 놓는 것이었다. 많이 사면 조금이라도 싸게 살 수 있으니 시간 낭비를 하지 않으면서도 절약할 수 있고, 손님 입장에서는 바로 담배를 필 수 있으니 일거양득이라고 생각한 것이다.

마쓰시타의 이런 재치는 손님들의 기분을 좋게 만들어서 어떤 손님들은 그에게 팁을 주기도 했다. 그렇게 해서 마쓰시타는 조금씩 돈을 모을 수 있었고, 전처럼 시간에 쫓기지 않고도 많은 일을 해낼 수 있었다.

비록 어린 나이의 마쓰시타지만, 그가 이런 수완을 발휘할 수 있었던 까닭은 '장사란 손님을 기쁘게 해주는 것'이라는 장

| 노년의 마쓰시타 고노스케 회장

사의 기본 개념을 알고 있기에 가능했던 것이다. 훗날 파나소닉, 내셔널 등의 일본 최고의 대기업의 창업자가 된 마쓰시타 고노스케는 이렇게 어려서부터 시작한 점원 생활을 통해 상인 정신을 기를 수 있었던 것이다.

이런 그가 더욱 크게 성장할 수 있었던 계기는 1929년 세계 대공황의 바람이 불 때였다. 대공황으로 인해 미국은 물론 독일, 일본의 은행들이 줄지어 도산하고 많은 사람들이 회사에서 해고를 당하는 상황이 발생했다. 하지만 경영의 신으로 불리는 마쓰시타의 진면목은 이때 나타난다. 마쓰시타는 직원들에게 회사의 경영 실태를 모두 공개하고 협력을 구했다. 그리고 모든 기업이 직원을 해고하려고 애를 쓸 때 그는 한 명의 직원도 해고하지 않았다. 바로 이것이 일본의 종신고용 철학을 낳은 시발점인 투명한 유리창 경영이다.

현재 마쓰시타 그룹은 570개 계열사에 25만 명의 사원을 거느린 세계 5대 전자회사 중 하나다. 그가 맨손으로 일궈낸 내셔널 브랜드는 이후 수십 년간 일본 열도뿐만 아니라 전 세계를 휩쓸고 있다. 지난 1000년간의 일본 기업인 중 일본인이 가장 존경하고 사랑하는 기업인 1위로 손꼽힐 뿐만 아니라 「타임지」가 선정한 기업인으로 '경영의 신'으로 불리는 그는 오사카 상인의 결정판이라고 할 수 있다.

하지만 그의 업적은 여기에서 끝나지 않는다. 그는 '마쓰시타 정경숙'이라는 인재 양성 기관을 세웠고 이곳에서 도지사 2명, 시장 6명, 국회의원 30명, 지방의원 28명이 배출되었다. 이들은 일본 선거문화의 혁신을 이루는가 하면 시의 적자 예산을 흑자로 돌려놓는 등 일본 10년 불황의 허파 역할을 하며 종횡무진 활약하고 있다.

경제 강국 일본에서도 경제 중심지로 이름난 오사카. 오사카가 이렇게 발전할 수 있었던 비결은 우리가 익히 알고 있는 일본인 특유의 우수한 기술력 때문만은 아니다. 그 이전에 뛰어난 상술과 훌륭한 상인 정신이 있었기 때문이다. 노렌 100년회와 오사카 기업가 뮤지엄을 통해 변치 않고 후대로 전달돼온 장인 정신이 지난 100년간 점포를 발전시켜왔듯 다가올 100년, 아니 그 이상의 세월 동안 한 개의 점포를, 오사카를, 일본을 발전시킬 원동력이 될 것이다.

자신만의 특징과 장점으로 차별화하라

수년간 경영해온 기업이 여전히 발전 방향을 찾지 못하고, 자기
만의 제품 포지션과 경영 특색마저 없다면 그 기업의 경영자는
업종에 대한 성찰이 떨어진다고 판단할 수밖에 없다. 동시에 장
점을 살리지 못하는 것 역시 큰 실패다. 이러한 기업은 시간이
흐를수록 힘들게 차지했던 점유시장이 줄어들고 남들의 장단
에 맞춰 움직이거나, 결국은 일개 가공업체로 전락하게 되는 수
모를 겪기도 한다. 따라서 창업 초기 경영자에게 가장 중요한
것은 제품의 포지션을 어떻게 정하고, 자신만의 특색을 어떻게
살릴 것인가를 결정하는 것이다. 특색은 곧 기업을 비춰주는 등
불과 같기 때문이다. 이러한 특징을 살리지 못하고 차별화를 이

루지 못하는 기업은 자신의 개성을 살릴 수 없는 것은 물론 장기적인 발전도 도모할 수 없다.

어느 나라의 기업이든 눈앞의 이익에 급급하는 시대는 지났다. 눈앞의 이익에 연연하던 많은 기업들은 점차 경쟁력을 잃어가는 추세를 보이고 있다. 아무도 가지 못하는 자신만의 길을 가는 것만이 아무도 넘볼 수 없는 최고의 경쟁력이다. 기업의 규모를 막론하고 이와 같은 사실을 깨닫는 이는 곧 지혜로운 경영자이며 성공의 문에 가장 가까이 서 있는 사람이라 말할 수 있다.

처음 아모레퍼시픽은 거대 시장인 중국 시장에 진출하기 위해 세계적인 컨설팅 회사에 중국 진출 가능성의 여부에 대해 의뢰했다. 그러나 기대와는 달리 답변은 "실패가 예상된다"이었다. 하지만 아모레퍼시픽은 한국인과 피부가 비슷한 거대 시장인 중국을 포기할 수 없었다. 중국 시장 공략을 위한 새로운 전략이 필요했다.

아모레퍼시픽은 3년에 걸친 3,500명의 현지 소비자 파악으로 철저한 사전 조사에 착수해 중국 소비자들에게 적합한 고기능, 고품질인 '라네즈' 제품으로 중국 시장을 공략했다. 때마침 만난 한류 바람을 타고 라네즈의 인지도는 급상승하기 시작했고, 현재는 중국 내 주요 25개 도시, 80여 개의 백화점에서 매장을 운영하고 있다. 이름도 없는 브랜드로 시작해 3년 만에 중국 화장품 시장에서 10위권 안에 드는 쾌거를 이룩하며 아시아 시장에 우뚝 섰다.

아모레퍼시픽의 한방 화장품의 역사는 1973년에 출시했던 '진생삼미'로 거슬러 올라간다. 태평양 제약이 인삼 드링크를 수출하면서 히트하자 인삼 중심의 한방 미용법을 연구하기 시작했다. 세계 최초로 인삼을 화장품 개발에 적용한 인삼 화장품 진생삼미는 동남아 각국 수출을 시작으로 미주 지역에 진출, 해외 수출 시장 개척에 일익을 담당했다.

이에 그치지 않고 1987년에는 생약 성분을 가미한 '설화'를 탄생시키며 한방 화장품의 노하우를 지속적으로 쌓아갔다. 그리고 1996년에는 마침내 지난 30년간 축적된 아모레퍼시픽의 한방 화장품 기술이 총망라돼 '설화수'가 탄생됐다. 그러나 의외로 아모레퍼시픽 사내 분위기는 좋지 않았다. 당시 화장품들은 수입 화장품처럼 보여야만 고급스럽다는 생각을 가지고 있었기 때문이다. 설화수가 사장될 위기에 처하자 철저한 입소문을 통한 홍보 전략을 내세우며 샘플을 부착해 고객이 실제로 써 보도록 했다. 결과는 대성공이었다.

현재 설화수는 아모레퍼시픽 전체 매출액의 35퍼센트가량을 차지하며, 중화권 시장의 교두보인 홍콩 수출을 시작으로 미국 시장으로 진출하고 있다. 다른 기업과 나라는 흉내 낼 수 없는 아모레퍼시픽만의 가장 '한국적이고 감성적인 아름다움'으로 세계 시장을 뚫고 있다.

설화수는 내면과 외면을 하나로 생각했던 한국 전통의 사상에서 출발하여 한국 고유의 화장 문화와 미의식을 담아낸 전통 한방 화장품이다. 설화수는 제품마다 피부 노화 현상을 개선하기 위해서 각 제품별로 효과를 높일 수 있는 각종 한방 추출물을 첨가하였다. 또한 설화수만의 한방 아로마 향취와 한방 미용법은 설화수의 효과를 더욱 높여 피부와 마음에 깊은 아름다움과 감동을 줄 수 있다. 아름다움에 대한 전통이 스민 지혜를 담아낸 정성의 한방 미학 설화수는 한국의 특징을 가장 잘 살린 화장품의 승리라고 볼 수 있다.

전자제품부터 손톱깎이까지
차이나 세상

한국 전체 경쟁력 순위보다 높은 저장성의 경쟁력

중국 경제 중심지인 상하이에는 전 세계 500대 다국적 기업 중 450개 이상의 기업이 투자하고 있을 정도로 상하이는 명실상부 최고의 세계 경제 도시 중 하나로 자리 잡았다. 그런데 바로 이 상하이 경제권의 70퍼센트를 차지하고 있는 최고의 상인이 있으니 세계 속 거대한 시장의 주인공인 화상(華商)의 중심에 서 있는 저장 상인이다.

동양의 유태인이자 아시아의 베니스 상인이라고 불리는 뛰어난 이재술의 주인공인 저장 상인. 개혁 개방 이후 매년 10퍼센트에 이르는 높은 성장률을 기록 중인 중국 경제의 견인차인 저장 상인에 대해서 알아보자.

산악과 평지의 비율이 7대 3, 인구가 4,900만 명인 저장성은 중국 내에서 우리나라와 가장 흡사한 조건을 가진 지역이다. 또한 저장성에는 세계 최대 소상품 시장과 아시아 최대 섬유 시장 등 4,008개의 시장이 있다.

저장 상인의 놀라운 성장에 대해 발표한 자료가 하나 있는데, 스위스의 국제경영개발연구원이 2006년에 발표한 지역 경쟁력 순위에 의하면 한국은 38위이고, 저장성은 33위로 나타난 것이다. 저장성의 비교 대상이 '서울'이 아닌 '한국'이라는 것을 주의 깊게 살펴봐야 한다. 저장성의 지역 경쟁력이 한국 전체의 국가 경쟁력보다 높은 것이다. 전국 4위의 경제력을 자랑하는 저장성은 상하이, 장쑤성과 함께 장강 삼각주를 이루며 중국 경제를 이끌어가고 있다. 이것이 바로 저장 상인의 힘이다. 다음은 오직 장사에 집중하는 저장성 사람들의 특징이 잘 나타나 있는 대화다.

청나라 건륭황제가 저장 지방을 순유하고 있었다. 황제는 높은 데 올라 바다를 바라보았다. 바다에는 수백 척의 범선이 닻을 달고 북으로 남으로 왕래하고 있었다.

황제가 저장의 순무에게 물었다.

"저 수백 척의 범선들은 어디로 가고 있는고?"

순무가 대답하였다.

"제 눈에는 한 척만 보입니다."

"어째서인가?"

"폐하, 실재는 한 척뿐입니다. '이익'이라는 이름의 배 한 척입니다."

황제는 고개를 끄덕였다.

이처럼 저장성 사람들은 모든 일을 대할 때 오직 장사의 관점에서 바라보았다. 결국 그 관점이 그들에게 부를 가져다준 것이다. 저장성은 장쑤성, 광둥성과 더불어 중국에서 제일 잘 사는 성이다. 그곳이 그토록 잘 살게 된 일등공신은 뭐니 뭐니 해도 자타가 공인하는 중국 상인 서열 1위인 저장 상인이다. 온주의 한 대학 교수인 마징룽은 저장성의 경쟁력에 대해서 이렇게 이야기한다.

"그들은 시장의 변화에 민감해서 시장 기회를 잘 포착합니다. 시장의 변화를 감지하면 바로 사업 기회를 포착하지요. 중국의 다른 지역은 계획경제의 혜택을 받았습니다. 계획경제하에서는 시장 대한 인식이 필요 없지요. 이것은 본래 시장경제가 주도하는 시장이 아닙니다. 하지만 저장 상인의 상황은 달랐습니다. 이러한 자아생존 의식을 통해 시장의 변화에 민감하게 반응하는 특성이 생긴 겁니다."

저장 상인에게는 가진 게 아무것도 없었다. 돈도 없었고, 배운 것도 없는 상태였다. 그렇게 모든 것을 포기하기 쉬운 환경에서 자신의 노력만으로 무에서 유를 창조했다. 스스로의 힘으로 가난과 무기력에서 벗어난 것이다. 그들의 생활력은 어느 나라에도 뒤지지 않는다. 아무리 고생스럽거나 더럽고 위험한 일도 마다하지 않고 해내고야 마는 그들의 경쟁력이 한국의 경쟁력을 뛰어넘는 저장성의 경쟁력을 만든 것이다.

절대로 희망을 버리지 마라

저장성 사람들은 중국의 다른 상인들과는 다르다. 그들은 스스로의 노력으로 자신과 식구를 먹여 살린다. 예부터 천시되어오던 시계수리공, 구두닦이, 두부장수, 열쇠장사, 봉제공, 솜을 타는 직종 등 돈을 벌 수 있는 일이라면 가리지 않고 무엇이든 한다.

또한 저장 상인은 이윤이 한 푼밖에 되지 않는다 해도 장사를 쉽게 포기하지 않는다. 쉽게 포기하지 않는다는 것은 돈을 벌 수 있는 방법을 찾기 위한 희망을 버리지 않겠다는 것을 의미한다. 그래서 그들은 이 방법으로 안 되면 발상을 바꾸어 다른 방법으로 새로운 돈벌이 길을 개척하며 발전시켜나갔다. 물론 한 지방에서 더 이상 돈을 벌 방법이 없다고 판단이 되면 미련 없이 돈을 찾아 다른 지방으로 떠나기도 한다. 그 결과 1990년대 이후부터 지금까지 저장 상인들의 중서부지방 투자는 900여억 위안에 이르고, 설립한 기업은 무려 7만여 개다. 돈을 벌 수 있다는 희망을 버리지 않는 저장 상인은 중서부와 저장에서 패배하지 않고, 승리를 찾아 나서고 있는 셈이다.

절대 포기하지 않는 저장 상인의 희망에 대해 재미있는 이야기가 있어 소개한다.

한 세관원이 입국심사대에서 저장 출신 할머니에게 물었다.

"이 유리병 안에 무엇이 들어 있습니까?"

"미사용 성수인데요. 프랑스에서 어느 천주교회당 신부가 담아준 것이오."

세관원이 뚜껑을 열었더니 성수가 아니라 술 향기가 진동했다. 그러자 이젠 빠져나가지 못하리라 생각한 세관원은 자백하라는 듯한 표정으로 말했다.

"할머니, 이걸 어떻게 변명하실 건가요?"

세관원이 따지자 할머니는 하늘을 바라보며 당당하게 이렇게 외쳤다.

"아, 만능의 천주시여! 이것은 정말로 기적이올시다."

중국에서는 "저장 사람은 사람을 만나면 사람소리를 하고 귀신을 만나면 귀신소리를 한다"라는 이야기가 있다. 그만큼 저장 사람의 임기응변이 천하무적이라는 뜻이다. 하지만 나는 그들의 임기응변이 절대 희망을 버리지 않는 마음에서 나오는 것이라 생각한다. 어떤 불행에 빠지더라도 구출될 수 있다는 희망을 가지면 스스로 방법을 찾아내 위기를 벗어날 수 있는 것이다. 당신이 만약 지금 일을 하는데 죽도록 열심히 했음에도 수익을 거의 올리지 못하고 있다면, 포기를 모른 채 희망을 붙잡고 있는 저장 상인들의 삶의 태도를 배우라. '희망을 버리지 않는다'는 것은 '승리를 붙잡는 것'과 마찬가지다.

세계에서 돈을 벌어 온주를 위해 쓴다

중국에서는 온주 지분 합작제가 전국 상인들의 벤치마킹 모델이 되고 있다. 초기 가족사업을 기초로 소상품 개발 업체를 차렸던 온주인들은 90년대에 들어와 온주 지분 합작제 기업을 창립한 것이다. 저장 상인들이 공동으로 자본을 투자해, 온주인 모두가 주주가 되어 공동으로 경영하고 이윤도 균등하게 나누어 갖는 것이다.

보통 장사를 하는 사람들은 동업자의 수가 세 사람을 넘기면 사업을 하기 힘들다고 말한다. 세 사람이 넘으면 대게 의견이 엇갈려 내부분쟁이 일어나기 쉽기 때문이다. 하지만 이 말은 저장 상인에게는 해당되지 않는다. 저장 상인 중에는 10년이 지나도 변함없이 같은 팀을 유지하고 있는 상인들이 많다. 그들 사이에는 '흩어짐이 두 사람 모두에게 해가 되지는 않지만, 모일 경우엔 분명 둘 다에게 이익'이라는 게 공식처럼 인식되어 있으며 이로써 개미가 감히 코끼리에게도 대적할 수 있는 힘을 가지게 된다고 생각한다.

그래서 그들은 사소한 추천장도 외지인들에게는 써주려 하지 않는다. 그들에게 추천장은 아주 큰 힘을 발휘하기 때문이다. 믿을 만한 사람의 추천장만 있으면 어느 온주 상인에게든 담보 없이 거액을 빌릴 수 있다. 저장 상인들의 사회에서는 모든 거래가 신용으로 이루어진다. 그들의 상도는 신용이고, 신용을 잃었다는 것은 상인사회에서는 곧 죽음을 말하는 것이다.

고객을 대하는 그들의 태도에서도 신용을 목숨처럼 여기는 그들의 상도가 드러난다. 자신들이 팔고 있는 물건의 장점을 칭찬하기보다는 허물을 꼬집는 것이다. 물론 당장은 그 물건을 팔수 없을지는 몰라도, 고객들의 신용을 얻게 되고 신용을 얻는 것만이 오래 살아남는 비결이라고 생각하는 것이다. 그래서 미국에서도 온주인들의 경영하는 슈퍼마켓이 가장 장사가 잘되는 가게로 뽑히게 된 것이다.

오리스 수출 전시관 부총경리인 추안순은 온주에 대해서 이렇게 이야기한다.

"온주는 경공업 도시입니다. 역사적 원인, 지리적 환경으로 중공업이 발달할 수 없었지요. 하지만 지금 우리는 경공업 제품 위주입니다. 소상품의 국가 생산기지는 온주에 있습니다. 온주의 의류는 시장의 12퍼센트를, 구두는 20퍼센트, 제2전기의 스위치, 전기미터 종류는 33퍼센트, 인경은 70퍼센트를 차지합니다. 이러한 통계를 보더라도 온주가 경공업의 도시라는 것을 잘 알 수 있을 겁니다. 작은 상품으로 큰 시장을 공략하는 것이죠. 이 제품의 대부분은 수출을 하고 있으니까요. 온주의 750만 인구 중 170만 명은 전국 각지에서, 50만 명은 세계 각지, 홍콩 마카오에서 활동하고 있습니다. 즉, 온주의 경제는 밖으로 뻗어나가는 경제라고 할 수 있습니다. 온주의 시장은 세계로 뻗어 있습니다."

온주는 작은 상품으로 세계를 지배하며, 그렇게 세계 각지에서 모은 돈을 고향으로 들고 와 함께 잘 살기 위한 노력을 한다. 그래서 그들은 결코 같은 고향 사람, 같은 업종끼리 경쟁하지 않는다. 척박한 땅에서 태어났다는 동질감으로 단합하는 그들은 세계에서 벌어들인 돈으로 금의환향해 고향 사람들과 고향의 발전을 위해 쓰는 것이다.

중국 전체 신발 생산량의 25퍼센트를 책임지는 캉나이

1980년대까지 중국인에게 반짝반짝 윤이 나는 구두를 신는 것은 상상도 하지 못할 정도로 큰 꿈이었다. 그래서 군수공장에서 생산하는 질이 나쁜 소털이 붙어 있는 구두를 신는 것조차 소원일 정도였다. 그것은 비단 그들이 구두를 살 수 없을 만큼 가난했기 때문만은 아니었다. 구두를 신는 사람을 소자산 계급으로 생각하는 당시의 사회풍조 때문이었다. 그래서 한 해를 결산하는 과정에서 관련 심의를 통해 구두를 신어도 괜찮다는 허가를 받은 후에야 구두를 신을 수 있었다. 그래서 중국인들에게 구두는 한 집안의 보물처럼 여겨져 구두를 신는 것 자체를 아까워할 정도였다.

이런 중국의 상황을 완전히 바꾼 사람들이 있는데 바로 캉나이 그룹의 창업자인 정시우캉과 아오캉 그룹의 회장인 왕전타오다.

캉나이 그룹의 창업자인 정시우캉은 처음엔 작은 신발공장의 브랜드를 빌려 제품을 생산했다. 하지만 이런 방법으로는 사업에 한계가 있다고 생각한 그는 더 큰 성공을 위해서는 선진적인 경영 경험과 신발제조기술의 습득이 필요하다고 생각하고 경험과 실력을 쌓기 위해 광동으로 갔다. 그리고 곧 신발제조의 왕국으로 불리는 이탈리아로 건너갔다. 그는 그곳에서 18개월 정도 머무르며 이름난 제화업체를 견학했고, 우수한 품질의 상품을 만들기 위해서는 눈속임이 아니라 숙련된 생산기술과 최첨단 설비가 필요하다는 것을 깨닫게 되었다.

이탈리아에서 돌아온 그는 서둘러 120만 위안을 투자해서 기술개발에 착수했다. 타이완과 이탈리아의 신발제조설비를 도입하고 1990년에 컨베이어시스템을 통한 생산을 실현하여 중국 신발제조업의 기계화 생산의 선례를 남겼다. 우수한 품질의 신발을 만들어내면서 캉나이 신발은 빠른 속도로 베스트 브랜드 이미지를 갖게 되었다.

그가 이탈리아에 가서 캉나이가 가야 할 방향을 찾기 전엔 그가 만든 신발은 대부분의 쇼핑센터에서 입점을 거절하는 보잘것없는 제품이었다. 하지만 캉나이 브랜드가 이미지를 확고하게 다진 이후엔 상황이 역전되었다. 판매상들은 줄을 서 기다리면서 캉나이 제품을 사야 했고, 일부 쇼핑센터 매니저들은 접대를 하면서까지 캉나이 제품을 사려 했다. 캉나이 그룹은 명품 전략을 실시하기 위해 1996년부터는 도매시장에서 물건을 빼고, 전문 체인점 판매를 실시하고 있다. 이로 인해 캉나이는 중국 시장에서는 처음으로 네트워크 판매를 실시한 업체가 되었으나, 정시우캉은 이에 만족하지 않고 세계 시장으로 무대를 옮겼다. 2001년에는 세계 유행의 메카인 파리의 19번가에 중국 신발 전문점인 캉나이얼 1호점을 냈다. 그 후 얼마 지나지 않아 뉴욕과 로마에 캉나이얼 2, 3호점을 열었다. 온주의 신발이 세계 시장에 입성한 것이다.

제화업계의 또 다른 거대 산맥인 아오캉 그룹의 회장 왕전타오 역시 대부분의 온주 기업가들과 비슷한 길을 걸어왔다. 온주 기업들에서 만드는 상품의 공통점이 짝퉁 상품에서 진품, 우수한 품질의 상품으로 변화하는 과정을 보여주듯 아오캉 그룹에서 만드는 신발 역시 같은 길을 걸었다.

1987년 5,000여 켤레의 온주의 조악한 짝퉁 가죽신발이 저장성 항저우의 우린먼 광장에서 불태워져 폐기됨에 따라 당시 온주 가죽신발을 판매하고 있던 22세의 왕전타오는 우한의 쇼핑센터에서 판매하고 있던 모든 가죽신발을 철거당해야 했다. 온주 신발의 재난은 곧 신발판매상의 재난이기도 했다. 그는 온주 신발이 폐기처분 당하는 일을 겪은 뒤 큰 충격을 받고 장사를

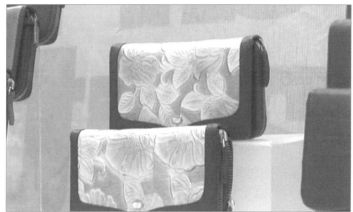

품질과 디자인이 우수한 아오캉의 제품들은 별도의 위조 방지 시스템으로 불량 모조품이 나오는 것을 막는다.

그만두게 된다.

이때 그가 고통을 견디지 못하고 사업을 완전하게 그만뒀다면 지금의 아오캉 그룹은 없었을 것이다. 하지만 왕전타오는 1년 후인 1988년에 친구와 가족들에게 3만 위안을 빌려 신발 공장을 열고 '온주 신발은 짝퉁 신발'이라는 오명을 씻어내기 위한 행보를 시작했다. 그리고 1994년에 왕전타오는 선진 기업 관리 체제를 도입하여 자체적으로 아오캉의 체제 개선을 진행했다.

우선 주주의 권리와 기업경영권을 분리하여 주주가 회사의 경영에 깊게 간섭할 수 없는 체제를 만들었다. 그리하여 그는 실력이 좋은 사람 위주로 직급을 부여할 수 있었다. 친인척이 대우를 받는 분위기를 없애고, 중국 각지에서 100여 명의 고급 인력을 채용했다. 이런 모든 변화를 통해 아오캉 그룹은 현대화가 되었고, 경쟁력이 있는 기업으로 변하게 되었다.

비록 처음에는 짝퉁 신발을 파는 작은 상점에 불과했지만, 정시우캉과 왕전타오는 조금 더 빨리 변화의 필요성을 인식하고, 먼 미래를 위해서는 짝퉁이 아니라 좋은 상품을 만들어내야 한다는 상업적 규칙을 이해했기 때문에 성장할 수 있었다. 일반인들이 생각하면 이것은 어려운 일이 아닌 것처럼 보일 수 있지만, 실제로 기업을 경영하는 사람의 입장에서 보면 어려운 일임에 분명하다. 이런 행동엔 단지 용기뿐만이 아니라 희생이 필요하기 때문이다. 때로는 단기적인 이익을 포기해야만 하는 상황을 맞이하고, 그것을 이겨내야 하기 때문이다.

중국의 젊은 부자, 야룽 그룹의 장원룽 회장

저장성 사람들은 사업 기회를 잡아내는 뛰어난 안목이 있다. 그들은 아주 작은 단서를 통해서 잠재되어 있는 모든 사업적인 기회를 읽어내기 때문에 돈을 벌 수 있는 기회를 절대 지나치지 않는다. 그래서 100명의 저장 사람이 있으면 100개의 사업 기회를 발견하고 만들어낸다는 이야기도 있다.

이렇게 사업적인 후각이 뛰어난 저장 상인 중에서도 장원룽은 '가장 먼저 사업 기회를 포착해, 누구보다도 쉽게 장사하는 대단한 사람'으로 불린다. 그의 성공에 대해 짧게 소개를 하면, 일단 그는 1986년에 수백만 위안의 창업 자금을 갖고 무작정 상하이로 갔다. 그리고 수년 후 야룽 그룹의 사업 분야는 철재, 케이블에서 부동산 등의 영역에까지 확장이 되었으며, 지금은 총

자산 6억 위안에 달하는 거대한 기업이 되었다.

　그는 어떻게 이 짧은 시간에 큰 성공을 이뤘을까? 장원룽의
사업적인 재능을 보여주는 일화가 두 개 있다. 이 일화를 통해
그의 성공에 대해 이야기해보려 한다.

　1980년대 그가 의류 중간 도매상을 할 때의 일인데, 그는 낮
은 가격으로 상품을 사들여 그 차액을 취하는 방법으로 3개월
동안 무려 10만 위안이 넘는 돈을 벌었다. 당시로서는 10만 위

'케이블 대왕' 이라는 명성을 얻은 장원룽은 1997년에 1,000만 위안으로 국가 브랜드인 푸둥 케이블 공장을 합병함으로써 확고한 위치를 다졌다.

안이 상당히 큰돈이라 갑자기 벼락부자가 된 그를 보며 친구들의 눈이 휘둥그레졌다.

그리고 장원룽이 겨우 21살 때의 일이다. 정확한 시점은 알 수 없지만 한번은 일본의 유명한 오토바이 브랜드인 혼다가 중국 시장에 오토바이 공급을 중단한 적이 있었다. 갑자기 공급이 중단되자 오히려 대중의 관심을 받게 되었는데, 물량이 달리게 되니 소매가가 일제히 1만 위안 넘게까지 급등하게 되었다.

이때 장원룽은 헤이룽장이라는 곳에 있었는데, 그는 이 소식을 듣자마자 돈을 벌 수 있는 기회를 찾아냈다. 그는 자신이 머물고 있는 헤이룽장에서는 여전이 혼다 오토바이가 중단되기 전의 가격에 팔리고 있다는 것을 알고는 주저하지 않고 현금으로 오토바이를 모두 사들였다. 그는 여기에서 그치지 않았다. 그는 오토바이 소리만 나면 운전자에게 다가가 원가로 오토바이를 사겠다고 말하며 눈에 보이는 혼다 오토바이를 모조리 사들였다. 이렇게 세 달이 지나자 그가 사들인 오토바이는 600대에 이르게 되었다. 그는 마침내 600대의 오토바이를 가지고 온주로 돌아왔다. 그리고 그는 혼다 오토바이가 비싸게 팔리고 있는 온주에서 한 대에 평균 1만 위안의 이익을 남기며 팔아 모두 600만 위안의 돈을 벌었다. 앞서 말했듯 이때 그의 나이는 겨우

21살이었다. 온주의 한 젊은이가 눈 깜짝할 사이에 백만장자가 된 것이다.

야룽 그룹 역시 그의 사업적인 후각으로 만들어진 그룹이다. 600만 위안의 돈을 번 그는 상하이로 건너가 좀 더 넓은 세상을 경험하게 된다. 하지만 그가 막대한 돈을 가지고 상하이로 갔던 해는 때마침 계획경제시대였다. 그래서 모든 것은 국가의 계획대로 이루어졌다. 시민들은 배급표와 원가에 의해서만 식량을 사고 물건을 구입할 수 있었다. 더구나 돈이 많이 있다 하더라도 외지인에게는 식량배급표를 주지 않기 때문에 장원룽은 막대한 돈을 가지고 있지만 당장 먹을 걱정을 해야 할 상황에 처했다. 하지만 이런 어려움도 장원룽의 사업적인 후각에 영향을 미치지 못했다. 돈이 되는 사업을 발견해내는 그의 후각이 이번엔 길거리에서 기회를 발견해냈다. 상하이의 거리를 걷다가 고물 구리 덩어리가 거리에 아무렇게나 놓여 있는 것을 발견한 것이다. 그러다 생각해낸 것이 온주의 공장에는 구리가 매우 부족하다는 것이었다. 이로 인해 그는 두 지역의 가격 차이를 이용한 돈벌이를 하며 사업가의 면모를 갖춰나갔다.

그러다 1988년 그는 도시 경제가 크게 발전하고 있다는 것을 느끼면서 케이블 업체를 지켜보았고, 국영기업인 상하이 케이블 공장과 합작을 진행하기로 결심하면서 야룽 케이블 회사를 설립하게 되었다. 그리고 장원룽이 케이블 사업을 시작하자마자 1989년 1톤당 2,000위안이던 구리 가격이 1995년 30,000위안으로 급등하게 되었고 1997년에는 1,000만 위안으로 국가 브랜드인 푸둥 케이블 공장을 합병함으로써 확고한 위치를 다질 수 있게 되었다.

중국의 전기 왕, 정타이

유명 음료업체인 코카콜라의 고 로베르트 고이즈에타 전 회장은 일찍이 자신의 경영 경험과 관련해 다음과 같은 말을 했다.

"사람이 아무리 절망적인 상황에 몰렸다 해도 강한 신념과 꼭 이기고야 말겠다는 의지만 있다면 성공 가능성은 충분하다. 결코 멈추지 않고 꿋꿋이 밀고 나가는 강인함이야말로 성공을 이끄는 비결이다."

중국의 IT 영웅 치우보쥔 역시 누군가 "어떤 경우에 포기하게 되는가?"라는 질문을 했을 때 이렇게 대답했다.

"회사가 당장 망할 것 같아도 온 힘을 다 바쳐 죽을 때까지 멈추지 않겠다."

치우보쥔 역시 고 로베르트 고이즈에타 전 회장과 비슷한 맥락의 신념을 가지고 있는 것이다. 갖가지 사례가 증명해주듯 저장 상인은 특히 정신력이 강한 상인들이다.

온주 상인의 특징 중 하나는 자수성가한 경우가 많다는 것이다. 비록 가난하게 태어났지만 타고난 성실함으로 부를 창출해낸 것이다. 그 중 좋은 예가 하나 있어 소개하려 한다.

1960년대 저장성의 작은 마을에서 남자아이가 태어났다. 남자아이가 태어난 곳은 주민 대부분이 가난해서 끼니를 제대로 챙겨먹지도 못할 만큼 열악한 환경이었다. 돌로 쌓은 움막에 살면서 농사를 하거나 신발 수선 등의 일을 하면서 좀 더 나은 미래를 꿈꿨지만 현실은 지독한 가난에서 벗어나지 못했다. 그 아이의 불행은 그게 전부가 아니었다. 아이가 초등학교를 졸업할 무렵에는 아버지가 사고를 당하는 바람에 가족의 생계를 그 어린아이가 책임져야 할 상황이 된 것이다. 아이는 할 수 없이 다니던 학교를 그만두고 아버지가 하던 신발 수선을 하게 되었다. 아무리 일을 해도 형편이 나아지지 않자 조금이라도 일을 더 맡

기 위해 소년은 하루 종일 돌아다녔다.

때문에 하루라도 발에 상처가 없는 날이 없을 정도였다. 하지만 그 소년은 멈추지 않았다. 피곤한 몸으로 잠이 들어도 다음 날이 되면 누구보다도 힘차게 일어나 하루를 시작했다.

그러던 어느 날, 소년은 짧은 시간에 굉장히 많은 신발을 수선해야만 하는 상황에 놓였다. 바쁜 마음에 서두르다가 그만 날카로운 바늘에 손을 찔리고 말았다. 신발 수선용 바늘에는 갈고리가 있어 쉽게 뽑히지 않았다. 결국 그는 아버지의 도움을 받아 바늘을 뽑은 뒤 낡은 가죽으로 상처를 감싸고 다시 수선을

정타이 대표 난춘후이. 정타이의 성공 비결은 바로 품질과 우직하리만큼 정직한 기업정신
이다.

시작했다. 그때 소년은 생각했다.

'가난하니 아파도 쉴 수가 없구나.'

짧은 순간이었지만 소년은 수많은 생각을 했다. 가난이란 그 소년에게 참담한 현실을 가져다 줄 뿐이었다. 그리고 이런 불행한 상황을 바꿀 수 있는 유일한 길은 바로 부자가 되는 것 이라고 생각했다. 그리고 이렇게 결심했다.

'돈을 벌자.'

그렇게 간절하게 부자를 꿈꾸며 열심히 일을 하던 소년에게 마침내 기회가 찾아왔다. 갑자기 온주 근교에 있는 고향 마을에서 저압변압기 공장이 우후죽순처럼 생겨날 때였다. 50㎢ 내 1,000여 개의 공장이 생길 정도였다. 그때 단골손님에게서 정보를 입수한 그는 전기에는 문외한이었지만 새로운 도전을 하기로 결심했다. 그는 친구 3명과 동업으로 '앞에는 판매대, 뒤에는 공장' 형태의 변압기 구멍가게를 냈다. 이때 그의 나이 겨우 21세 때였다. 돈이 없어 공장에서 솥을 걸어놓고 밥을 해먹고 잠을 잤지만 그는 포기하지 않고 성공을 향해 나갔다.

5년 후, 그의 간절함은 드디어 성공으로 이어지기 시작했다. 온주에서 만든 저압변압기가 불량품이 많아 사고가 잦아지자 중앙정부에서 합동단속반이 뜬 것이다. 단속반이 공장으로 들이닥쳤을 때 제대로 된 생산허가증과 자신의 브랜드를 가지고 자체 품질검사를 철저하게 하는 공장을 처음 발견한 것이다. 이후 온주 시는 이 공장을 중점 지원 대상 기업으로 선정했고, 그는 도약의 계기를 마련했다.

바늘에 손을 찔려도 쉴 수 없을 만큼 지독한 가난을 이겨내고 마침내 성공을 일궈낸 그가 바로 중국의 전기 왕인 난춘후이이며, 지금의 정타이 그룹은 이런 과정을 통해 만들어진 것이다.

정타이 그룹의 매출액은 150억 위안을 넘으며 변압기 생산으로서는 중국 1위, 세계 3위다. 중국 500대 민영기업 가운데

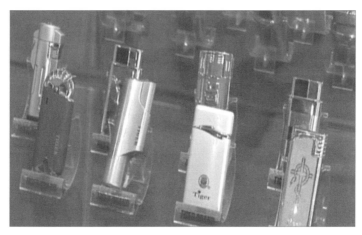

| 높은 품질과 값싼 가격으로 세계 라이터 시장을 석권하고 있는 다후 라이터

4위를 차지할 정도로 대단한 기업으로 성장한 상태다. 또한 외국을 포함해 중국 전역에 2,000여 개의 판매법인을 두고 있으며 총 9개의 공장에서 일하는 근로자는 1만 5,000여 명에 이른다.

지구 두 바퀴를 돈 괴물, 다후 라이터

다후 라이터를 만든 저따후는 본래 상인이 아니라 온주의 우체국에서 일하는 평범한 직장인이었다. 하지만 온주인의 기업가 특성을 버릴 수 없었던 그는 1992년에 일을 저질렀다. 더 이상 회사에 얽매여 일하고 싶지 않았던 그는 부인의 퇴직금 5,000위안으로 라이터 공장을 차리기로 결정한 것이다. 당시 온주에는 라이터 공장이 우후죽순처럼 생기고 있는 실정이었다. 경쟁이 아주 치열한 시장이라 초기 진입이 쉽지 않은 상태였다. 그래서 많은 라이터 생산 업체들이 더 저렴한 상품을 만드는 데 힘을 쏟던 시기였다. 하지만 저따후는 다르게 생각했다. 저렴하게 만드는 게 아니라 상품의 품질을 높이는 데 힘을 쏟았다. 분명 옳은 경영철학이었지만, 경쟁이 과열된 상태에서 그런 마인드로 장사를 해서는 살아남기 힘든 게 사실이었다. 결국 시간이 지날수록 사업은 계속 어려워졌고, 노동자들은 회사를 떠나기 시작했다.

하지만 그는 포기하지 않았다. 고난이 밀려올수록 더 좋은 제품을 만들겠다는 의지를 더욱 확고히 했다. 그래서 그들 부부는 일본으로 가 품질이 좋은 라이터를 사서 세심하게 제작 기술을 연구했다. 일본에서 만든 라이터 못지않은 좋은 제품을 만들기 위해 온갖 노력을 했다. 결과는 성공적이었다. 저따후는 자신의 이름을 따서 '호랑이'를 이름로 정하고 상표를 등록하였다. 이렇게 해서 호랑이 라이터는 온주 라이터 업계에서 최초로 등록된 상표가 되었다. 그렇게 고생 끝에 탄생한 호랑이 라이터의 명성은 날로 높아갔다. 그리고 호랑이 라이터는 결국 온주에서 중국 전역을 거쳐 세계 시장에까지 입성하게 되어 명실상부한 글로벌 상품이 되었다.

그의 성공에 대한 노력이 여기가 끝이라면 좀 빈약하다는 생각이 들지 않는가? 그의 거대한 성공이 이 정도의 노력만으로 이루어진 건 아니었다. 호랑이 라이터의 비약적인 발전은 일본 최대의 라이터 생산 공장인 히로타 주식회사와의 합작을 통해서 이루어졌다.

중국의 저가 라이터에 밀린 일본의 라이터 생산 업체들은 흔들리기 시작하다가 하나씩 무너져갔다. 이런 상황을 이겨내기 위해서 일본의 히로타 주식회사는 결단을 내릴 수밖에 없었다. 그래서 그들은 일본에 있는 생산기지를 포기하고 중국에 투자를 해서 공장을 짓고, 온주의 값싼 인력을 이용해 온주 상인의 경영방식을 참고하여 새로운 시장을 점유하기로 결정했다. 아무리 몰락하고 있는 기업이지만 그래도 한때 잘나가던 라이터 생산 업체였던 히로타 주식회사는 합작공장에 대해 조사를 할 때 여러 가지 까다로운 조건을 고려해서 결정했다. 그 결과 선택한 곳이 바로 다후 라이터 공장이었다.

처음 일본의 히로타 주식회사에서 합작을 제안받았을 때 저따후는 감회가 새로울 수밖에 없었다. 사실 그가 이 분야에 첫걸음을 내디딜 당시 그의 스승은 바로 일본이 생산하는 라이터였다. 그런데 이제는 그 스승이 제자를 찾았고, 제자에게 기술을 전수해주겠다고 오히려 요청을 하고 있는 상황이었기 때문이다.

합작이라는 제안은 달콤했지만 실행은 쉽지 않았다. 가내수공업에서 발전을 시작한 다후 라이터와 국제적으로 유명한 기업의 합작이었기 때문에 잘 맞지 않는 부분이 있었고, 확연하게 부족한 부분이 있었다. 히로타 주식회사에서 들여온 설비를 검사하는 사람 앞에서 저따후는 기존의 오래된 생산설비를 이용하여 첫 번째 주문서에 있는 3,000개의 라이터를 생산했다. 하지만 단 한 개의 제품도 합격하지 못한 채 전부 폐기처분을 당해야 했다. 이때 일본인 기술자는 냉정한 얼굴로 이런 이야기를 했다.

"이런 기계로는 당연히 일류 제품을 만들 수 없죠. 이런 기술은 이미 한물갔어요."

일본 기술자의 말에 저따후는 마음이 괴로웠다. 그래서 그는 사무실을 떠나 직접 생산현장으로 가서 기술자로 변신해 직접 두 번째 주문서에 근거한 상품을 만들었다. 하지만 두 번째 역시 실패였다. 그는 자신이 심혈을 기울여 만든 제품이 통과하지 못하리라고는 생각하지 못했다. 두 번의 실패로 합격하지 못한 제품이 그의 등 뒤에 산처럼 쌓여 있었다. 하지만 그는 초심으로 돌아가 어떻게 하면 최고의 품질을 가진 라이터를 만들 수 있을까를 직원들과 함께 고민했다. 그의 이런 마음이 일본에서 파견된 기술검사관들의 마음을 감동시켰고, 그 감동은 히로타 주식회사의 회장에게까지 전파되었다. 어느 기업의 대표라도 마찬가지겠지만, 사실 히로타 주식회사의 회장인 히로타 료헤이는 저따후와 같은 책임감을 가진 합작 파트너를 찾고 있었다. 그래서 그는 열심히 일하는 저따후에게 일본에서 운송해온 소형 설비를 아무런 대가없이 보내주었다.

그리고 마지막일 수도 있는 세 번째 도전에서 마침내 기적이 이루어졌다. 일본 기술자들의 적극적인 지원도 받을 수 있어, 모두가 한마음으로 힘을 합쳐 만든 세 번째 라이터 3,000개는 마침내 엄격한 검사에 합격하게 되었다. 비록 두 번의 주문에서 실패하여 막대한 손실을 입었지만, 이에 포기하지 않고 겸허한 마음으로 기술 개발에 열중했기 때문에 돈보다 중요한 기

중국복장협회로부터 최대 복장우수기업으로 선정된 야거얼. 야거얼은 자산 가치가 51억 위안으로 중국 내 민영기업 중 7위를 차지하고 있으며 중국의 의류기업 중 최고로 인정받고 있다.

술을 얻게 된 것이다. 바로 이 기술이 시장에서 승리하는 지금의 다후 라이터를 만든 것이다.

전통을 잇는 중국 최고 의류기업, 야거얼

야거얼은 자산 가치가 51억 위안으로 중국 내 민영기업 중 7위를 차지하고 있으며 브랜드 가치는 44억 위안으로 의류 브랜드

| 야거얼 회장, 리루깡

중 최고로 인정받는 회사 중 하나다. 중국복장협회로부터 최대 복장우수기업으로 선정된 야거얼은 2005년 기준으로 1천만 벌의 와이셔츠와 양복 200만 벌, 기타 의복 2천만 벌 등을 생산해서 의류 판매만으로 41억 7천 100만 위안의 매출을 올렸다.

하지만 놀라운 것은 삼국의 거상들이 그랬듯 야거얼의 리루깡 회장 역시 처음 사업을 시작할 때 많은 돈을 가지고 시작하지 않았다는 것이다. 겨우 자본금 2만 위안으로 사업을 시작을 했지만 25년 만에 51억 위안의 자산을 보유하게 된 것이다. 야거얼의 역사는 중국 개혁개방의 역사와 같다. 덩샤오핑의 개혁

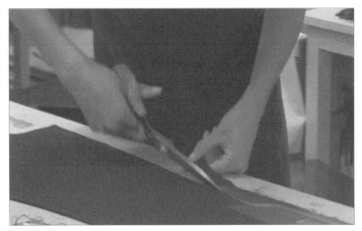

야거얼에서는 전통 홍방사들이 직접 재단을 하는 전통 홍방 방식을 고수하고 있다. 이것이 야거얼이 초라한 작업실을 만든 지 겨우 25년 만에 51억 위안 자산을 가진 중국 최대의 복장기업 신화를 쓸 수 있었던 비결이다.

개방 직후인 1979년 리루깡 회장은 2만 위안을 은행에서 대출받아 봉제공장을 차렸다. 말이 공장이지 재봉틀 몇 대 빌린 지하작업실이었다. 그런 초라한 작업실을 만든 지 겨우 25년 만에 야거얼은 51억 위안 자산을 가진 중국 최대의 복장기업 신화를 쓴 것이다.

　야거얼의 성공 역사를 살펴보면 리루깡의 빠른 성공이 얼마나 놀라운지 알 수 있다. 그는 1986년 '베이룬항'이라는 브랜드를 개발했고, 1989년 300만 장의 와이셔츠를 생산하면서 봉제

공장 규모에서 벗어날 수 있었다. 하지만 지역색이 강한 베이룬 항으로는 성장에 한계가 있다고 판단한 리루깡 회장은 1990년에 마카오와 합작하여 '야거얼'이라는 브랜드를 내놓았다. 그리고 1998년에는 증시에 상장했고 2006년에는 40여 계열사를 거느린 최대 복장기업으로 성장, 중국 500대 기업 중 144위에 올랐다.

과연 야거얼의 성공 비결은 무엇일까? 야거얼의 성공비결은 바로 전통의 힘이다. 야거얼에선 닝보의 전통 홍방(紅幇) 재단사들이 수석 재단사로서 기술을 지도하고 있다. 홍방이란 중국에서 처음으로 양복을 재단하고 최초의 양복점을 상하이에 열고, 최초의 복장학교도 개설하고 인민복을 디자인한 중국 현대복장의 선구자를 말한다. 야거얼에서 일하는 종레이밍 주임은 "홍방 재단사들이 야거얼의 수석 재단사들로 기술을 지도하고 있다"라고 말할 정도로 홍방은 야거얼이 전통을 이어가는 데 큰 힘을 실어주고 있다.

야거얼의 성공 비결은 이것뿐만이 아니다. 면사 개발부터 방직 공장, 봉제 공장까지 모든 공정을 계열화해서 생산 원가를 낮추는 등 경쟁력 있는 생산 방식을 추구한 것이 야거얼의 경쟁력을 만들었다. 그 결과 이제 야거얼은 중국을 넘어 세계로 진출하고 있다. 티셔츠의 경우는 11년간 중국 시장 점유율 1위였고, 양복은 6년 연속 시장 점유율 1위를 기록했다. 셔츠의 경우 매년 천만 장을 생산, 해외에 500만 장을 수출하고 나머지는 국내에서 팔리고 있다. 양복의 매출은 120만 달러 정도가 되는데 80만 달러는 국내에서 매출이 일어나고 있고, 나머지는 40만 달러는 일본, 미국, 유럽에서 이뤄지고 있을 정도로 수출의 비중이 크기 때문에 앞으로 전망이 더욱 밝다.

이렇게 급격한 성장을 거듭한 야거얼의 미래는 어떤 모습일지 궁금할 수밖에 없다. 이에 대한 대답은 야거얼 본관 1층 로비에 걸린 '국제브랜드를 만들어 100년 기업으로 장수하자'라는 구호로 대신할 수 있다. 리루깡 회장은 "앞에는 늑대가 버티고 있고 뒤에서는 호랑이가 쫓아오고 있다"라고 말하며 100년 기업론을 강조하고 있다. 야거얼이 지금처럼 전통을 통한 제품 생산을 유지한다면, 그가 말하는 100년 기업으로 장수하는 것도 어려운 일만은 아닐 것이다.

| 중국 패션의 고향, 닝보에서 열리는 닝보국제패션축제

역발상을 통해 가장 강한 경쟁자를 먼저 꺾어라

아모레퍼시픽은 국내 고객에게 사랑을 받고 있지만 항상 수입
화장품의 위협을 받고 있다. 언젠가는 치러야 할 수입 화장품과
의 경쟁에서 살아남아야 한다는 숙제를 풀기 위해 아모레퍼시
픽은 세계적인 기업으로 성장하기 위한 글로벌 전략을 추진하
였다.

2002년부터 중국 내 영업을 본격화한 아모레퍼시픽 라네즈
는 중국 내 매장 70개와 기타 아시아 지역 매장 30개를 갖춘 아
시아 브랜드로 성장하였으며, 명품 한방 화장품 설화수는 화교
권을 대표하는 홍콩에 진출하여 현지 고객들로부터 좋은 반응
을 얻고 있다. 롤리타 렘피카는 향수의 본고장인 프랑스 여성 향

수시장에서 2.8퍼센트의 점유율을 차지하는 성과를 거두었다.

하지만 아모레퍼시픽의 해외 진출이 처음부터 성공적이었던 것은 아니었다. 국내에서는 최고였지만 해외에서는 무명의 브랜드나 마찬가지였다. 이에 아모레퍼시픽은 세계 진출을 위해 중국 시장을 먼저 공략했다. 중국에 진출하기 위해 중국에 맞는 화장품을 생산하지 않으면 승산이 없다고 판단한 아모레퍼시픽은 중국은 물이 좋지 않다는 것을 착안하여 '물이 깨끗하다'라는 콘셉트의 광고를 강조하여 시장에 진출하였다. 국내 시장에서 수입 화장품의 공격을 방어하는 한편 외국으로 나가 직접 경쟁을 하는 공격적인 전략을 병행하던 아모레퍼시픽은 중국 시장에서의 성공을 발판 삼아 새로운 시장을 목표로 세웠다.

아시아 시장을 벗어나기 위해 택한 첫 번째 목표는 프랑스 시장이었다. '화장품' 하면 프랑스가 본고장이기 때문에 프랑스 시장에서 살아남는다면 해외 어디에 가도 경쟁력이 생기고 브랜드의 인지력이 생명인 화장품 업계에서 좋은 자리를 차지할 수 있기 때문이다.

아모레퍼시픽의 프랑스 진출은 1988년에 시작되었기 때문에 더욱 놀랍다. 그 당시에 한국 화장품은 한국에서만 소비될 뿐,

아시아권으로도 거의 수출이 되지 않는 상황이었기 때문이다. 이런 상황에서 화장품의 본고장인 프랑스로의 진출은 더욱 혁신적인 것이었다. 그래서 아모레퍼시픽에서는 수많은 아이디어를 구현함으로써 역발상 콘셉트를 만들어냈다. 그리고 답은 동양적인 분위기가 풍기는 화장품이었다. 어차피 서양의 분위기가 풍기는 화장품은 널린 게 프랑스이니 동양적인 제품으로 프랑스에 들어가는 것이 좋겠다고 생각해서 국내에서 판매가 되던 '순(純)'이라는 화장품을 현지 대리점을 두고 판매했다. 기대가 많았지만 동양적인 이미지로 인해 화장품 판매점보다는 약국을 통해 팔렸고, 판매는 신통치 않았다. 아모레퍼시픽의 첫 프랑스 진출은 그나마 현지 대리점이었던 회사가 파산하면서 제품을 철수하는 결과가 발생하며 실패했다.

그러나 프랑스 시장을 진출하기 위한 노력은 계속됐다. 지난번의 실패는 한국인에 맞게 만들어진 제품으로 대리점을 통해서 판매했기 때문에 프랑스 고객에게 제대로 접근이 안 되었다고 보고 전략을 다시 짰다. 생각해보면 당시 프랑스는 한국이라는 나라조차 모를 정도로 한국에 대한 정보가 부족한 상태였다. 그런 상태에서 역발상이라고 생각하고 한국식을 고집한 것 자체가 고정관념이었던 것이다. 하지만 실패를 통해 아모레퍼시픽은 진정한 역발상을 할 수 있게 되었다. 프랑스 현지의 화장품 전문가의 도움을 받아 프랑스식 향수를 만들기로 하며 새로운 도전을 시작하였다.

또한 한국식이 아닌 프랑스식으로 상품기획을 했다. 유명 패션디자이너인 롤리타 램피카와 제휴하여 향수의 향을 선택하고 병을 디자인하며 브랜드도 롤리타 램피카의 이름을 따서 '롤리타 램피카' 향수로 정하고 롤리타 향수의 개발실과 공장을 프랑스에 만들어 현지 생산에 들어갔다. 그리고 롤리타 램피카의 패션쇼와 함께 롤리타 향수의 판촉을 하여 프랑스 여성의 감성을 자극했다. 모든 것을 프랑스식으로 체계를 잡은 것이다. 이런 방식으로 접근하자 롤리타 향수는 출시 후 1년 6개월 만에 프랑스 향수시장의 1퍼센트를 차지하면서 런칭에 성공했다. 이후 계속 좋은 반응을 얻어서 2005년에는 2.6퍼센트의 점유율을 기록하면서 프랑스 향수시장에서 3위의 브랜드가 되었다.

프랑스는 세계로 나아가기 위한 장벽이었다. 프랑스를 넘지 못하면 세계의 진출은 이룰 수 없었다. 이제 롤리타 향수는 프랑스를 넘어 세계 80여 개국에 수출되고 있다. 롤리타 향수는 프랑스에서 성공하자 미국과 유럽 각국으로 수출되어 세계 여성의 감성을 사로잡는 결과를 만들어냈다. 그 일환으로 전 세계 고급 브랜드들이 매장을 열고자 희망하는 패션의 중심지 뉴욕에 2003년 9월, 아모레퍼시픽이 첫 상륙했다. 뉴욕 맨해튼 5번가에 위치하는 세계 최고의 프레스티지 백화점, 버그도르프 굿맨 백화점에 국내 화장품 최초로 아모레퍼시픽 브랜드가 입점한 것이다. 아모레퍼시픽은 고급 백화점 체인인 니만마커스 백화점 입점을 계기로 뉴욕, 워싱턴, LA, 샌프란시스코, 라스베이거스 등 미국 전역으로 매장을 넓혀가고 있다.

세계 시장에 성공적으로 진입하기 위해서는 반드시 프랑스 시장을 한 번은 거쳐야 했다. 하지만 아모레퍼시픽은 그 고통의 순간을 뒤로 미루지 않고 가장 먼저 가장 창의적인 방법을 통해 최고의 적과 경쟁을 겨뤘다. 또한 남들이 하는 트렌드를 따라하기보다는 아무도 하지 않는 것을 시도함으로써 수요를 만들어 냈다. 아무리 단순하다고 생각되는 제품이라도 한순간에 시장에 나온 게 아니다. 아모레퍼시픽은 이미 현지화를 통해서 프랑스 사람들과의 커뮤니케이션을 통한 실질적인 연합으로 제품을 만든 것이다. 즉, 소비자와의 교감을 마친 상품인 것이다.

조선 전체보다
재산이 많았던 개성상인

재물은 평등하기가 물과 같고 사람은 저울처럼 바르다

정월 초하루에 개성상인의 집은 손님들로 북적댄다. 전국 각지
에 퍼져 있던 차인들이 올라온 것이다. 조선시대 개성상인은 큰
부흥을 이뤄 조선의 일 년 예산보다 많은 사유 재산을 소유한
거상이 나타나기도 했다. 그 이유 중 하나가 개성상인 특유의

고도화된 상술과 뛰어난 조직력이었다. 대표적으로 차인제도를 들 수 있는데, 차인이란 지금으로 말하자면 전국 지점에 파견되어 있는 지점장들이라고 말할 수 있다. 차인은 전문경영인의 역할을 하면서 지방 생산품의 수집과 매매를 담당했다. 그들은 정초가 되면 개성으로 돌아와 가족을 만나고 자본을 대준 주인에게 보고를 했다. 그들이 이런 체계화된 조직력을 갖출 수 있었던 데에는 특별한 이유가 있다.

조선이 건국되었을 때 고려조의 충신이었던 개성의 사대부들은 출세의 길이 막히자 출사를 거부하고 상업에 투신하게 된다. 이때부터 개성상인은 다른 상인들과 구별되는 특징을 가지게 되고, 우리나라 대표상인으로 거듭나게 된다. 지식인층이 대거 투입된 상인집단인 개성상인이 일궈낸 조직력의 핵심은 바로 이 차인제도와 송방으로 대표할 수 있다.

개성상인은 17세기에 이르러 지방의 객주와 여각을 기반으로 상권을 조직화하고 전국의 주요 상업 중심지에 송방을 설치한다. 『고려시보』에 따르면 개성상인은 차인을 최소 2~3명, 많게는 30명 정도를 두는 경우도 있었는데 그들은 전국의 주요 상업 중심지에 송방을 설치하여 지점장에 해당하는 차인을 파

『고려시보』 중 박재청의 〈시변소론〉. 이 기록에 따르면 개성상인은 차인을 최소 2~3명 많게는 30명 정도를 두는 경우도 있었는데 그들은 전국의 주요 상업 중심지에 송방을 설치하여 지점장에 해당하는 차인을 파견했다. 이 송방을 통해 상품 유통에 관한 전국의 정보를 수집하고 판매전략을 세울 수 있었다.

147

견했다. 이 송방을 통해 상품 유통에 관한 전국의 정보를 수집하고 판매전략을 세울 수 있었다. 그렇다면 지금의 전문경영인으로 통하는 차인이 되기 위해서는 어떤 수련 과정을 거쳐야 했을까?

차인이 되기 위해서는 견습 사환, 수사환, 차인 등의 단계를 거쳐야 했는데, 견습 사환에서 수사환, 그리고 차인이 돼서 독립을 하기 위해서는 보통 10년 이상이 시간이 걸렸다. 견습 사환들은 열악한 작업 환경 속에서 무보수에 휴일도 없이 우직하게 최선을 다해 일했다.

그러다 어느 정도 장사 수완이 있다고 인정을 받는 경우에만 수사환이 될 수 있었다. 수사환이 되면 비로소 판매를 할 수 있었고, 거기에서도 인정을 받으면 차인 후보가 될 수 있었다. 그렇게 해서 차인이 되면 책임경영으로 실적을 높여 주인의 인정을 받고자 노력해야만 했다.

개성상인의 특성상 한번 차인이 되어서 송방의 경영을 맡게 되면 차인의 독립성을 인정받아 주인으로부터 영업에 간섭을 받지 않았다. 신뢰를 주고받는 관계를 보여주는 것이다. 그 신뢰는 차인이 영업상의 실수로 손실을 발생했을 때도 나타나는데, 이때 주인도 손실액의 절반을 부담하고 차인이 자산이 없을 경우에는 손실액의 전부를 주인이 안기도 했으니 그들이 얼마나 굳은 신뢰로 이루어져 있는지 알 수 있다.

도덕성으로 승부하라

현대 자본주의 사회에서 개성상인의 정신이 주목받게 된 중요한 이유 중의 하나가 그들의 도덕성 때문이라고 할 수 있다. 최근 사회 구성원으로서 기업의 책임과 의무에 대한 사회적 관심이 고조된 것은 자본주의의 폐해가 드러나고 환경에 대한 관심이 증폭되었기 때문이다. 이제는 무조건 높은 수익을 얻는 것보다 사회적으로 존경을 받는 기업이 좋은 기업의 조건이 되었다. 이러한 시대적 변화에 따라 개성상인의 도덕성과 공익추구 정신이 자본주의 시장에서도 주목을 받게 되었다. 기업이 공익을 추구하는 모습은 자본주의 논리와 어울리지 않는 것처럼 생각된다. 하지만 공익추구에 힘쓰는 기업들이 고객들의 신용을 얻고 긍정적으로 인식되면서 장기적으로는 기업의 수익 증대로 이어질 수 있기 때문에 공익추구는 반드시 필요한 부분이다.

개성상인들의 윤리경영 정신은 크게 '신용 얻기'를 제일로 여기는 정직성과 어려운 이웃을 도와 함께 잘 사는 나라와 사회를 만들고자 하는 '공익추구의 정신'으로 살펴볼 수 있다. 개성상인들의 정직성은 절대 돈을 빌려 사업을 하지 않는 '무차입 경영의 원칙'에서도 드러나며 거짓을 광고하지 않는 '신용을 얻는 마케팅 활동'에서 잘 드러난다. 자기 자본으로 사업을 일구어 나가고 깨끗한 거래관계를 유지하며 부채가 거의 존재하지 않는다는 사실은 개성상인들의 금전관계에서의 정직성을 보여준다.

과거 개성상인들에게는 그들의 도덕성을 나타내는 특이한 제도가 하나 있었는데. 그것은 바로 '시변제도'라는 것이었다. 개성상인들은 원래 남에게 돈을 빌리는 것을 꺼리며 함부로 남에게 돈을 빌려주지도 않는다. 그러나 개성상인끼리는 보증인의 신용만 확실하면 돈을 꿔주었는데 이는 그들이 신용과 의리를 중시했음을 보여준다. 비록 신용을 중시하는 것이 개성상인들만의 특징은 아니었지만 개성상인들의 특징으로 신용을 들 수 있는 이유는 우선, 개성상인들이 전통적으로 철저하게 신용을 지키는 것을 중하게 여기며 중요한 사업의 근간으로 삼았기 때문이다. 개성상인들에게 있어 신용은 약속의 개념을 넘어 '관계'를 바탕으로 한 '신의'의 개념이었다. 이는 종업원들과의 관계에서는 가족주의의 의미로, 사회적인 관계에서는 투명경영의 의미로 확장될 수 있다.

현대 개성상인 기업들을 보면 사회에 수익을 환원하지 않는 기업들이 거의 없다. 과거의 개성상인들이 그랬듯 현대의 개성상인들도 늘 남을 돌아보며 공동체를 함께 발전시켜 나가고자 하는 의지를 적극 표현한다. 물론 단지 이윤추구가 지상목표라고 생각하는 기업들에게 이러한 방식은 색다를 수밖에 없다. 좀 이상하다고 생각할 수도 있다. 하지만 장기적으로 보면 이들이 받는 존경과 신뢰가 어우러져 구축되는 긍정적인 브랜드 가치는 쉽게 얻을 수 없는 자산이 되어 기업에 긍정적인 역할을 하게 될 것이다.

한 우물을 파라

개성상인들의 성공 요인을 분석할 때 공통적으로 발견되는 요인 중의 하나가 바로 장기간에 걸친 집중화다. 예로부터 개성상인들은 사업 분야를 선정할 때 전혀 생소한 분야가 아니라 자신과 자신의 가계가 몸담아왔던 사업을 선정하였다. 때문에 이들의 경영방식은 인간관계 및 상업적 영감 등 직관적인 영역까지 포함한 지식을 바탕으로 하였다. 그리고 이렇게 정해진 사업 분야에서 최선을 다해 집중한 사람들이 바로 개성상인이었다.

그래서 오늘날 회사의 설립자인 개성상인 1세대들이 후임 경영자에게 강조하는 덕목이 바로 '한 우물 파기'다. 또한 사업 다각화를 위해 무리한 투자를 하지 않고, 사업 다각화를 모색하더라도 항상 자신이 몸담아왔던 업종에 중점을 두도록 충고한다. 태평양화학, 삼정펄프, 한국시멘트 등 대표적인 현대 개성상인들이 핵심 역량을 바탕으로 한 사업에 주력하여 다각화를 모색할 때에도 주력 사업과 관련한 다각화를 추진해온 것을 볼 수 있다.

1980년대 이후로 점차 구조 조정의 필요성이 대두되면서 미국 기업을 중심으로 탈다각화 내지는 집중화하는 현상이 나타나고 있다. 이는 다각화의 위험성을 인식하고, 주력 사업으로 회귀하려는 움직임을 보여주는 것이다. 이러한 추세는 옛 개성상인들이 강조한 한 우물 파기가 오늘날에도 적용되고 있음을 보여주는 것이다.

가장 최근에 발생한 예로 한때 최고의 커피 브랜드 파워를 가지며 사업을 다각화했던 스타벅스도 이젠 모든 것을 접고, 본연의 커피 향기에 집중하겠다고 선언하며 주력 사업에 매달리고 있는 것을 들 수 있다. 현대 기업들이 최근에 터득했던 경영방식을 우리의 개성상인들은 예전부터 무분별한 다각화를 경계하면서 핵심 사업에 집중하는 지혜를 터득했던 것이다.

아모레퍼시픽의 모든 전략적 판단은 평생 화장품 사업이라는 한 우물만 판 고 서성환 회장의 경영철학을 토대로 한다. 오늘날 아모레퍼시픽은 세계적인 화장품 메이커로 성장했는데 이는 개성상인의 '집중화' 정신을 바탕으로 한 결과라고 할 수 있다. 고 서성환 회장은 자신이 평생 종사해온 화장품 업계에 어울리도록 '화장품의 원천'이라는 의미의 '장원'을 호(號)로 지었을 정도로 사업 영역에 대한 확고한 신념을 가지고 자신의 천직으로 여기며 살아왔다. 간부회의 석상에서도 그는 종종 무한경쟁의 시대에는 한 우물을 파야 한다고 강조한다.

고 서성환 회장의 뒤를 이어 주목받는 차세대 CEO로 떠오른 서경배 사장 역시 1994년 취임 당시부터 핵심역량에의 '선택과 집중' 전략을 선택했다. 그는 "뷰티와 헬스가 아모레퍼시픽의 주력 사업이어야 한다고 봤다"라며 주변의 만류에도 불구하고 강도 높은 구조조정을 했다. 이는 아모레퍼시픽의 기본 정신인 한 우물 파기의 실천이었으며, 결과적으로 어려운 시기에 회사를 살리고 성장케 한 계기가 되었다. 그 시점에서 더욱 주력 상품에 집중하여 현재 최대 매출을 올리는 브랜드가 된 설화수, 아이오페, 헤라를 만들어냈다.

앞서 말했지만 "절대로 한눈팔지 않는다"라는 개성상인의 경영철학은 현대 경영학에 있어서 집중화 전략의 맥락에서 이해될 수 있다. 개성상인 출신인 아모레퍼시픽은 그들의 선배가 과거에 강조했던 한 우물을 파는 전략을 통해 화장품 산업에서 경쟁력을 집중했고, 그 결과 성공한 예라고 볼 수 있다. 개성상인이 그랬듯 이러한 집중화 전략을 통해서 기업은 한정된 자원을 가장 효율적으로 활용하여 경쟁에서의 우위를 확보하고, 승리하여 기업 활동을 계속 영위할 수 있게 된다. 유한한 자원이라는 약점을 극복하기 위한 가장 효율적인 방법이 바로 한 우물을 파는 전략인 것이다.

창업 이래 단 한 번도 적자가 없었던 신도리코

1961년 4월, 국내 최대 백화점이었던 미우만 백화점(지금의 롯데

154

영플라자)의 1층 로비엔 발 디딜 틈 없는 인파로 인해 제대로 길을 걸을 수 없을 정도였다. 도대체 무엇이 이토록 많은 사람들을 모은 것일까? 바로 복사기다. 지금 생각하면 말도 안 되는 일이지만, 당시로선 신기하기까지 할 정도로 첨단제품인 복사기 1대가 전시됐고, 즉석에서 '복사 시범'도 이뤄졌기 때문이다. 그때는 복사란 개념조차 없어서 사람들에게 '복사'라는 말을 하면 그게 무슨 말인지조차 모를 정도였다. 관공서와 학교 사무실에선 먹지를 사용했고, 혹 수량이 많으면 기름종이에 철필(鐵筆)로 쓴 것을 잉크 묻힌 롤러로 한 장 한 장 밀어내는 시기였기 때문이다.

그런데 복사기가 눈앞에서 사람의 손을 거치지 않고, 같은 문서를 한꺼번에 여러 장 복사를 해내니 그 광경을 처음 보는 사람들의 입장에서는 탄성을 쏟아낼 수밖에 없었다. 이 행사는 신도교역(신도리코의 전신)의 창업자인 고 가헌(稼軒) 우상기 회장의 아이디어였다.

신도리코는 이처럼 지난 1960년 창립돼 50년간 오로지 복사기와 팩시밀리 사업에 매달려온 장수기업이다. 국내에 복사기와 팩시밀리를 처음으로 선보였던 기업이기도 하다. 그래서 대한민국 복사기의 역사는 '신도리코의 역사'란 얘기도 있다.

창업 이래 50년이 지난 오늘까지 한 번도 적자가 없었던 신도리코

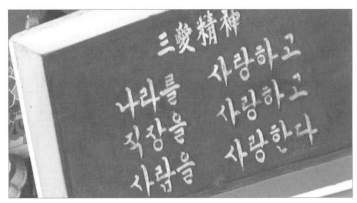

단 한 번의 노조도, 노사 분규도 없는 것으로도 유명한 신도리코는 창업주인 고 우상기 회장의 '나라를 사랑하고 직장을 사랑하고 사람을 사랑한다'는 경영철학을 실천하기 위해 노력하고 있다.

하지만 개성상인의 후예인 신도리코는 워낙 외부에 나서지 않는 기업으로, 일반인들에게는 기업의 위상만큼 알려지지는 못했다.

신도리코는 2009년 각각 매출액은 6106억 원, 영업이익은 421억 원을 올릴 정도로 큰 규모를 자랑하고 있는 기업이다. 또한 창사 이래 단 한 번도 돈을 외부에서 빌려본 적이 없는 무차입경영을 펼치는 것으로도 유명하다.

고 우상기 회장은 "절대 돈을 빌려 장사하지 마라"라는 확고한 신념을 가지고 있었다. 그래서 그는 평소 '3무경영'을 입버릇처럼 말하는데 이는 적자와 차입, 어음 세 가지를 없애라는 말이다. 3무경영은 무차입경영을 통한 재무 안정성에서 비롯된 신도리코의 기본 전략이다. 이러한 정신은 그의 절약 생활과 경영방식, 그리고 특유의 성실함으로 뒷받침되어 왔다. 사업을 시작할 무렵부터 고 우상기 회장은 쓸데없이 지출되는 경비를 아끼기 위해서 자신이 직접 지게를 짊어지고 복사기를 실어 나르기도 했다.

이러한 근검절약의 가치관은 후계자에게도 그대로 이어져 그의 아들 우석형 사장 역시 회사 경영의 많은 부분에 있어서 변화를 꾀하면서도, 무차입 경영 신조만은 그대로 물려받아 지

녹음진 전원 속에 위치한 신도리코 아산공장의 모습.

본관 정문에 들어서면 정면에서는 2층에서부터 작은 폭포가 흘러 내리고 벽면 등에는 조각
품이며 미술 작품들이 전시되어 있다. 미술관, 체육관, 대나무 공원 등 문화쉼터만 10개로
마치 놀이공원에 온 듯한 풍경이다.

| 1960년 11월, 신도리코는 국산 복사기를 선보인 이후 출력기 시장을 리드해왔다.

금까지 부채 없는 탄탄한 재무구조를 유지하고 있다.

　실제로 신도리코는 지난 50년간 부채비율이 가장 적은 기업으로 손꼽혀 왔다. 창업 이래 한 번도 은행 돈을 빌려 쓰지 않을 정도로 탄탄한 재무구조를 자랑하고 있다. 또한 무차입경영을 원칙으로 무려 3,500억 원대의 현금성 자산을 보유하고 있다. 은행 차입금은 전혀 없고, 매입 채무, 예수금, 미지급 배당금이

채무의 전부다. 근검절약, 비용절감 노력, 자기자본 바탕의 높은 안정성 지표, 현금이 풍부한 자금 운영 등 신도리코는 개성 상인 기업의 전형적인 예다.

한국을 넘어 세계로, 아모레퍼시픽

아모레퍼시픽의 태동을 알기 위해서는 1945년 9월로 거슬러 올라가야 한다. 광복과 함께 설립된 아모레퍼시픽은 서울 중구 남

공전의 히트를 기록한 50여 년 전의 나일로 크림, 오스카 로션 등 당시로서는 획기적인 화장품들을 만들어 판 아모레퍼시픽의 방판 제품들

창동에서 '태평양화학공업사'로 출발했다. 대표적인 개성상인인 삼정펄프와 신도리코, 한국시멘트들이 생산하는 제품에는 공통점이 있다. 그들이 각기 생산하는 제품의 역사가 바로 한국에서의 그 제품의 역사와 같다는 것이다. 가장 잘할 수 있는 것을 하나 골라 한 우물만을 파는 개성상인의 정신이 잘 나타나 있다고 볼 수 있다. 이는 아모레퍼시픽도 마찬가지다.

아모레퍼시픽의 제품 개발사는 한국의 화장품 발전사라고 할 정도로 당시 불모지였던 한국 화장품 시장을 꾸준히 개척해

161

왔다. 이후 1964년 유명한 '아모레'를 출시하고, 방문판매제도를 도입해 국내 화장품 업계를 선도해왔다.

아모레퍼시픽은 IMF 외환위기를 한 발 앞선 사업조정을 통해 건전한 자본구조를 이룬 결과 무사히 위기를 넘길 수 있었다. 사실 1990년대 초 아모레퍼시픽은 비관련 다각화로 재무구조가 나빠지고 조직이 거대해져 비효율적으로 운영이 되고 있었다. 1991년 당시 계열사 수는 24개였는데 이 중에서 본 업종이라고 할 수 있는 화장품 사업과 관련성을 찾아보기 힘든 증권업, 야구단과 농구단, 시스템 및 정보기술업이 포함되어 있었다.

이에 창업자의 차남인 서경배 사장은 강도 높은 구조조정을 시작했다. 개성상인의 본분에 충실한 경영을 펼친 것이다. 그는 비관련 사업을 과감하게 처분하고 본업에서 경쟁력을 확보해야만 살아남을 수 있다고 판단하여 매각, 합병의 방법을 통해 강도 높은 군살빼기에 돌입했다. 이런 과정을 통해 화장품 본업 이외의 회사들을 정리하고 계열사 수를 7개로 축소하였다.

아모레퍼시픽은 판매물량이 적고 이익률이 낮은 제품은 생산을 중단하고 기능성 화장품 중심의 고부가가치 제품군으로 제품라인을 재정비했다. 그 결과 2004년 이후 아모레퍼시픽의 유동비율은 257퍼센트 이내를 유지하며 건전한 재무구조를 가질 수 있게 되었다. 이는 최고경영자가 발 빠르게 핵심 사업에 역량을 투입하고 무분별하게 확장했던 사업구조를 재정비한 결과다. 무차입경영과 현금 흐름을 중시한 개성상인의 자금관리에 대한 시각이 주효한 것인데, 불확실한 경영환경 속에서 기업의 생존전략으로서 개성상인의 경영철학이 큰 의미를 지니고 있다는 것을 다시 한 번 입증한 것이다.

부패를 경계하고 정직을 추구하는 한일시멘트

모든 개성상인의 공통점이기도 하지만 한일시멘트는 개성상인 출신의 고 허채경 회장에서 시작돼 1961년 설립 이후 한 번도 적자를 낸 적이 없는 건전한 재무구조를 가지고 있는 기업이다. 재무구조가 좋으니 업계 최초로 노조 설립을 허용했음에도 무분규기업이다.

　하지만 한일시멘트가 노조가 생기지 않는 가장 큰 이유는 창업주의 사람을 중시하는 경영철학 때문이다. 고 허채경 회장은 "글 무식보다 인(人) 무식을 경계하라"라는 인간존중의 경영

| 개성상인 출신인 고 허채경 회장이 설립한 한일시멘트 단양공장의 모습.

을 강조했다.

　개성상인들은 해방 후 모두 무일푼에서 시작해 근검절약, 무차입경영, 신뢰와 인간존중경영, 한 우물만 파는 경영으로 그룹을 일구었다. 극심한 불황에도 끄떡없는 기업, 남들이 부러워하는 기업으로 주목받는 것은 선대의 경영철학을 발전시키면서도 창업보다 어렵다는 수성에도 성공했기 때문이다. 현재 장남 허정섭 명예회장과 삼남 허동섭 회장, 허 명예회장의 아들 허기호 사장으로 이어지는 3대를 통해 고 허채경 회장의 인간존중 정신이 내려오고 있다. 그리고 이 부분은 잘 모르고 있는 사람들이 많은데, 차남은 자신의 힘으로 녹십자를 일군 허영섭 회장이고, 4남은 허남섭 서울랜드 회장, 5남은 허일섭 녹십자 부회장이다. 모든 기업이 사회적으로 존경을 받고 있는 기업이라는 공통점이 있다.

고 허채경 회장의 청년 시절로 거슬러 올라가보자. 한일시멘트의 창립자인 고 허채경 회장은 16세에 사업가의 길로 나섰다. 한학자였던 그의 부친은 "사업의 성공에 연연하지 말고 실패해도 좋으니 여러 사람을 상대하며 올바른 상술을 터득하는 데 정성을 쏟으라"라고 당부했다고 한다. 개성상인들은 근면함과 성실, 뛰어난 경영기법을 바탕으로 상업적으로 성공하고 자신들만의 경영철학도 만들어냈다. 고 허채경 회장은 그의 아버지의 말을 참고하여, 개성상인의 성실함과 정도경영을 앞세워 한일시멘트를 국내 굴지의 우량기업으로 성장시켰다.

또한 그는 평생을 시멘트를 중심으로 한 우물을 파는 경영전략을 고집해왔다. 그래서 지금 한일시멘트는 자기분야에 집중해 최고를 이룬 대표적인 기업으로 평가를 받고 있다. 한 가지 분야에 매진함으로써 전문성과 탁월한 노하우를 가지게 된 것이다. 덕분에 생산하고 있는 제품의 종류도 우리나라 시멘트 회

사 중에서 가장 다양하다. 일반 시멘트와 레미콘 외에 한일시멘
트가 시장에 선보이고 있는 시멘트 등 2차 제품의 숫자가 40여
가지를 넘고 있으며 제품 종류도 매년 늘어나고 있다. 한일시멘
트가 40여 년간 꾸준히 발전해올 수 있는 결정적인 요인은 부패
를 경계하고 정직을 추구하는 개성상인의 정신이 발휘되었기
때문일 것이다.

이익을 남기되 재물을 탐하지 않는다, 삼정펄프

삼정펄프는 '리빙'이라는 브랜드로 화장지를 만드는 회사다. 화
장지 원지(原紙, 티슈와 두루마리 화장지를 만드는 재료) 시장 점유율은
15퍼센트로 업계 최고 수준이고, 소매시장 점유율도 최근에는
품질을 인정받으면서 점차 높아지고 있다.
　불황을 모르고 지속적으로 성장하고 있는 기업의 회장실은
어떤 풍경일까? 서울 혜화동 삼정펄프 본사의 전재준 회장실은
무려 40년 전인 1970년대를 연상케 하는 풍경이다. 마치 70년대
를 배경으로 한 드라마 세트장에 온 기분이 들 정도다. 회장실
엔 그 흔한 컴퓨터는 물론 TV도 없다. 10평 남짓한 사무실에서

가장 첨단인 물건은 전화기일 정도니 그 분위기를 짐작할 수 있을 것이다. 40년 된 소파와 집에서 쓰던 것을 들고 왔다는 옷장이 있고, 탁자 위엔 두루마리 화장지가 어지럽게 쌓여 있다. 보통 사람들은 상상도 못할 일이지만, 사무실의 전기 요금을 아끼려고 형광등도 두 개 중 하나를 빼버릴 정도로 절약을 실천하고 있다.

1,000억원 이상의 매출을 올리는 기업의 회장실이 너무나 초라한 게 아닌가 생각할 수도 있지만 이런 우직한 경영철학은 개성상인의 피를 제대로 이어받은 결과다. 아무리 돈이 많아도 거짓말을 하고 속이면 상대를 하지 않았던 개성상인들의 습관이 몸에 스며들었기 때문이다. 여러분은 혹시 알고 있는지 모르겠지만 주부라면 잘 알고 있을 것이다.

본래 화장지는 70미터였는데, 언제부터인지 70미터 24롤짜리 화장지 팩을 다른 업체들은 50미터로 슬그머니 줄였지만 삼정펄프의 리빙만큼은 70미터를 유지하고 있다. 이익은 남기지만 재물을 탐하지 않는 그의 경영철학이 담겨 있는 셈이다. 그래서 리빙은 경쟁사 고급 제품에 비해 가격이 절반 이하다.

화장지에 살짝 향수만 뿌려도 값을 20퍼센트는 더 받을 수 있지만 전재준 회장은 끝까지 반대다. "밑 닦는 데 웬 향수?"란

식으로 반문하며 이렇게 호통을 친다.

"밑 닦는 휴지는 한 번 쓰고 버리는 거야. 이걸 비싸게 만들면 어떻게 해. 쓸 때 찢어지지 않고 정화조에 들어가서 잘 녹도록 만들면 되는 거야. 그 이상 없어."

그는 개성에서 태어나 스무 살 때 장사판에 뛰어들었다. 개성상인으로 정직과 신용이 장사의 생명이라고 배웠다. 해방 후 서울로 와 종이 도매상 등을 거쳐 1961년 삼정펄프의 전신인 삼덕제지를 세우면서 본격적인 사업을 시작했다. 그렇게 60여 년을 사업가로 살았지만 한 번도 세금을 떼먹는 것은 상상조차 안 해봤다. 국세청에서 세무조사를 나왔다가 사장이 판공비를 한 푼도 쓰지 않는다는 사실에 놀라 돌아가기도 했다. 하지만 더욱 놀라운 사실은 삼정펄프 회사 계정엔 판공비 항목 자체가 없다는 것이다. 광고도 하지 않는다. '광고를 해서 드는 돈을 제품의 질을 높이는 데 쓰거나 사회에 환원한다'는 생각을 가지고 있기 때문이다.

하지만 이런 그도 돈을 물 쓰듯 쓸 때가 있다. 앞서 말했지만 지난 2003년 안양에 있는 시가 300억 원대의 공장부지, 4000여 평을 시민공원으로 만들어 달라며 안양시에 기부했다. 이에 그치지 않고 이듬해엔 성균관대에 경기도 포천의 임야 36만 평 (시가 50억 원)을 기부했다.

그의 선행은 이에 그치지 않는다. 삼정펄프를 상장시켜 얻는 약 100억 원의 자금으로 베트남, 중국 등의 산지에 숲을 조성하는 조림사업을 시작했다.

이렇게 이익은 취하지만 필요 이상의 재물이 쌓이는 것을 경계하며 사회 환원에 힘쓰고, 정직한 제품으로 승부하려는 전재준 회장의 경영 카리스마가 대기업의 '돈 쏟아붓기식 마케팅'이 난무하고 있는 혼란한 시장에서도 꿋꿋하게 살아남아 고속성장을 거듭할 수 있는 힘이 되고 있는 것이다.

삼국 거상들의
성공 법칙 5

Tip

최고의 기업을 만드는 관리자의 조건

일을 하지 않는 직원은 없다. 일을 하지 않게 만드는 관리자만
있을 뿐이다. 직원이라면 누구나 승진을 하고 싶어 하고, 누구
나 인정받고 싶어 하기 때문에 열심히 일을 하지 않을 이유는
없다. 그런데도 직원들이 열심히 일을 하지 않는다면 문제가 있
는 것인데, 그것은 관리자가 직원들에게 동기부여를 제대로 하
지 못했기 때문이다.

고객을 감동시킬 수 있는 가치를 만들어내고 사원을 감동시
킬 수 있는 리더십을 발휘하는 사람이 최고의 관리자다. 관리자
는 권위와 논리로서 사람을 움직이려 하기보다는 설득과 공감
으로 사람을 움직인다. 타인을 설득하고 공감시키는 최고의 방

법으로는 스토리텔링이 있다.

하버드대학의 교육심리학자인 하워드 가트너는 우리 시대의 최고의 관리자는 스토리텔러라고 했다. 그들은 해박한 지식과 논리로 설득하는 것이 아니라 감성이 담긴 스토리를 통해 사람들의 잠재적 욕망을 자극하고 공감을 이끌어낸다.

고객들도 감성이 듬뿍 담긴 스토리 상품을 원하고 직원들도 마음으로 움직이는 관리자를 원하고 있다. 누군가를 감동시키지 못하면 리더가 될 수 없다. 지금 이 글을 읽고 있는 당신이 만약 관리자라면 나는 과연 고객을 감동시키고 사원을 감동시킬 수 있는 관리자인지를 다시 생각해보자.

그렇다면 최고의 관리자가 되려면 어떤 능력을 갖추어야 하는가.『감성지능(EQ)』의 저자인 다니엘 골먼은 최고의 관리자가 되려면 4가지 능력을 가져야 한다고 했다. 자신을 다스리는 힘인 자기인식 능력과 자기관리 능력을 갖추어야 하며 타인과의 관계를 다스리는 힘으로 감정이입 능력과 관계관리 능력이다. 다니엘 골만이 제시하는 최고의 관리자가 되는 능력의 요건들을 보면 다음과 같다.

개인적 능력: 자신을 다스리는 능력

①자기인식 능력

- 감성적 자기인식 능력: 자신의 감정을 읽고 그것의 영향
  력을 깨닫는 것. 결정을 내리는 데 본능적인 감각을 이용
  한다.
- 정확한 자기평가 능력: 자신의 장점과 한계를 아는 것
- 자기확신 능력: 자신의 가치와 능력에 대해 긍정적으로
  생각하는 것

②자기관리 능력

- 감성적 자기제어 능력: 파괴적인 감정과 충동을 통제하
  는 것
- 솔직할 수 있는 능력: 솔직히 있는 그대로를 보여주는 것,
  진실함
- 적응력: 상황의 변화에 적응하고 장애를 극복하기 위해
  유연하게 대처하는 것
- 성취력: 나름대로 정해놓은 최선의 기준을 충족시키기 위
  해 노력을 아끼지 않는 능력
- 진취성: 주도적으로 먼저 나서고 기회를 포착할 수 있는
  능력

• 낙천성: 모든 사물을 긍정적으로 보는 능력

사회적 능력: 관계를 다스리는 능력

③사회적 인식 능력

• 감정이입 능력: 다른 사람의 감정을 헤아리고 그들의 시각을 이해하며 그들의 생각에 적극적인 관심을 표명할 줄 아는 능력

• 조직적 인식 능력: 조직 단위에서의 흐름과 의사 결정 구조, 경영방식 등을 읽어내는 능력

• 서비스 능력: 부하직원과 고객의 요구를 알아차리고 부응하는 능력

④관계관리 능력

• 영감을 불러일으키는 능력: 확고한 전망으로 사람들을 이끌고 동기부여를 하는 능력

• 영향력: 다양한 설득의 기술을 구사할 줄 아는 능력

• 다른 사람을 이끌어 주는 능력: 적절한 피드백과 지도로 다른 사람의 능력을 지지해주는 능력

• 변화를 촉진하는 능력: 새로운 방향을 제안하고 관리하

며, 사람들을 그곳으로 이끄는 능력

• 유대 형성 능력: 관계의 망을 만들고 유지하는 능력

• 팀워크와 협동을 이끌어내는 능력: 팀을 구성하고 협력
  체제를 조성하는 능력

관리자를 중요하게 생각하는 것은 오사카 상인 역시 마찬가지였다.

1955년 도요하라 에키산이 펴낸 『에치고야 각서』라는 책에서는 상인의 경영 정신에 관해 수록되어 있다. 이 저자는 13세의 어린 나이에 에치고야 가게에 들어가 60여 년을 근무하다가 이사로 은퇴한 사람이다. 여기서 말하는 '에치고야'란 일본의 미쓰코시 백화점의 처음 개업 때의 명칭이다.

미쓰코시 백화점은 유럽에 비하면 개업 연도가 다소 늦지만 아시아에서는 가장 빠른 것이었다. 오사카의 최초가 일본의 최초이자 아시아의 최초가 된 것이다. 훗날 미쓰코시 백화점 이후 마쓰야, 다카시마야, 소고, 다이마루, 이세탄 등이 개업하게 된다.

이 오래된 백화점이 성장할 수 있었던 것은 창업 당시에 상동의 기본 요강을 잘 세웠다는 점이다. 이것이 있었기에 에치고

야의 경영 정신이 확립되었고, 상인으로서의 행동 기준도 명백해졌던 것이다. 백화점의 사훈은 상인으로서의 신념을 강조하는 것으로 다음과 같다.

1. 윗사람과 아랫사람이 함께 정을 나눈다.
2. 장사의 진정한 도를 힘껏 닦는다.
3. 중간 관리자를 채용한다.
4. 사치는 절대로 하지 않는다.
5. 지배인은 우대한다.
6. 장사에 전념한다.
7. 같은 상인끼리 절대 협력한다.

여기서 우리가 주목해야 할 것은 현대의 관리자격인 지배인을 우대한다는 것이다. 지배인의 중요성은 건물에 비유하면 일종의 대들보와 같다. 왜냐하면 주인이 잘못하면 충고를 하고, 올바른 방향으로 이끌어갈 수 있는 유일한 사람이 지배인이기 때문이다.

사실 고용주를 직접적으로 지휘하는 사람은 지배인이다. 중책을 맡아야 하는 지배인에 대해서 주인은 각별한 신경을 써야 한다. 주인의 경영 방침과 의도가 저 말단에 이르기까지 잘 전해지게 해야 하는 것이 또한 지배인의 역할이다.

주인이 지배인을 소중하게 여기면 아랫사람들도 지배인을 존중하게 되고, 그러면 저절로 지휘가 잘 이뤄지게 된다. 이 백화점에서는 지배인이 은퇴를 하고 나도 중요한 상담이나 회의에 꼭 참석을 시키고 있다.

Part 3

삼국 거상들의
특별한 비즈니스법

1장

지속 가능하지 않으면
의미가 없다

긴 호흡으로 멀리 내다보라

고 허채경 회장은 한일시멘트의 창립이념으로 '산업보국'을 내세웠었다. 70년대 초 한일시멘트가 어느 정도 규모의 성장을 이뤘을 때 그는 주위로부터 금융이나 유통 등 새롭게 주목받는 사업진출 제의를 많이 받았다. 돈이 있는 곳에 좋은 사업 기회가 많이 오는 것은 당연한 일이다. 투자하면 분명 돈을 벌 수 있는 기회가 많았지만 고 허채경 회장은 "기업이 이윤만을 생각할 수 없다. 지금은 국가 기간산업이 더욱 필요할 때"라고 말하며 이 같은 제의를 일언지하에 거절했다.

이런 전통은 후세로도 내려와 고 허채경 회장의 3남으로 한일시멘트를 이끌고 있는 허동섭 회장은 "우리 회사가 눈앞의 이익만을 추구해 여러 사업을 크게 벌였다면 지금과 같이 탄탄한 내실을 이루기가 쉽지 않았을 것"이라고 말하며 미래를 내다보는 경영철학이 계속 이어질 것이라는 뜻을 전했다.

고 허채경 회장은 당장의 이익이 아닌 신용과 내실을 중요시했다. 회사 경쟁력은 튼튼한 재무구조와 시장의 신뢰에서 비롯된다는 신념에서였다. 외형 중심의 무리한 투자는 지양하고 미래를 대비해 내실을 키우는 데 주력했다. 또 신용을 기업의 생명이라 여겼다. 기업이 외부에 한 약속은 반드시 지켜야 한다고 항상 강조했다. 이 때문에 한일시멘트는 오랜 기간 신뢰를 통해 다져온 장기거래처가 대부분이다.

기업이 치열한 글로벌 경쟁에서 승리하고, 승리를 지속시키고 싶다면 경쟁 우위의 창출을 통한 기업 경쟁력 확보가 기본이다. 그래서 지속적으로 높은 수익을 올리고 싶다면 다른 기업에서는 찾아볼 수 없는 독특한 경쟁 우위의 원천을 확보해야 한다.

기존의 기업들은 제품이나 유통 채널의 차별화를 통해 경쟁 우위를 확보할 수 있었다. 하지만 이제 그 모든 것은 누구나 다 알고 있는 것이 되어버렸다. 더구나 이런 것들은 모방이 쉽기 때문에 오랜 기간 경쟁 우위를 점하는 데 도움이 되지 못한다. 이러한 상황에서 예외가 되는 게 바로 인적자원이다. 다른 요소와 달리 인적자원이 가지고 있는 지식은 경쟁기업에서 모방하는 것이 불가능하다. 그렇기 때문에 현대사회에서 기업의 성공은 이러한 인적자원에 달려 있다고 말할 수 있다. 또한 아무리 경영철학이 내실을 기하는 것이라 할지라도 그것을 실천하는 사람이 철학을 실천할 능력이 없다면 아무리 좋은 경영철학이라도 있으나 마나 한 것이 된다. 그러므로 지속적인 발전을 하고 싶은 기업이라면 내실을 기하는 경영철학과 함께 인적자원을 확보하는 데 집중해야 한다고 말할 수 있다.

시대에 맞게 전통을 이어가라

한국엔 전통을 이어가는 가게의 수가 적지만 이와 달리 일본에는 작고 수수한 허름한 가게들이 많이 있는데, 이런 가게들은 몇 백 년의 전통을 가진 가게들이 대부분이다. 물론 다 그런 것은 아니지만 한국과 달리 일본에서는 아무리 작고 낡은 동네 식당이라도 종업원의 복장이 불량하고, 더러운 식당은 찾기 힘들다. 그 이유는 일본인들은 일을 하는 기본적인 태도가 다르기 때문이다.

그들은 자기가 하는 일이 무엇이든 상당한 자부심과 애착을 갖고 있다. 그래서 아무리 작은 규모의 식당에서 일을 하더라도 그것을 천직으로 생각하고 자신들의 신념과 장인정신을 담는다. 그리고 그 정신 그대로 다음 세대에게 전하며 새로운 전통과 맛을 찾기 위해 노력한다.

한 장소에서 오래 장사를 하는 가게에서는 분명 배울 게 있다. 오래된 기업과 가게에는 확실히 신생기업에서는 찾아볼 수 없는 노하우가 있다. 그들은 아무리 예전에 통하던 것이라도 옛날 것만을 고수하지 않고, 늘 새로운 것에 도전하면서 변화에 유연하게 대응함으로써 지금까지 전통을 이어올 수 있었던

2005년 말에 아모레퍼시픽의 설화수는 국내 화장품 브랜드 중 최초로 연 매출 4천억 원을 돌파하는 기록을 세웠다.

것이기 때문에 이 시대에 가장 중요한 변화에 대한 지혜까지 얻을 수 있다.

전통을 잘 잇는 기업으로 유명한 아모레퍼시픽의 고 서성환 회장은 전통적인 행상을 상술로 승화시킨 장본인이다. 화장품을 가내수공업으로 만들어 판매하던 부모님 밑에서 자란 그는 지금으로부터 50여 년 전 ABC포마드, 나이롱 크림, 오스카 로션 등을 만들어 팔았고, 모두 공전의 히트를 쳤다.

여성들의 일자리를 제공했던 1960~70년대의 아모레 아줌마는 '아모레 카운셀러'로 이름만 바꿨을 뿐 아직도 건재하다. 최고의 마케팅과 최신 디지털 장비로 무장한 아모레 카운슬러들은 최신 미용 정보를 고객에게 전하면서 새로운 시대에 어울리는 새로운 방문판매의 문화를 만들고 있다. 현재 방문판매를 하는 카운셀러는 무려 3만 명에 이른다. 이들이 일으키는 매출은 전체 매출의 47퍼센트 이상을 차지하고 있으며 현재 3천만 고객을 보유하고 있으니 그 힘이 막강하다고 할 수 있다. 이들은 담당 고객들이 어떤 제품을 쓰고, 어떤 문제가 있는지 모두 파악하고 있기 때문에 어떤 화장품이 필요한지는 고객 본인보다 그들이 먼저 알 정도다. 그렇다고 본사에서 교육을 하면서 그들에게 판매에 대한 스트레스를 주는 것은 아니다. 고객 정보는 컴퓨터로 관리를 해도 사람은 마음으로 만나는 것이기 때문이다. 그래서 반드시 물건을 팔기 위해서 만난다는 생각을 하는 게 아니라 친구를 만나듯 편안한 마음으로 고객을 만난다. 그렇게 한번 고객이 되면 자연스럽게 관심과 애정이 생기므로 이런저런 이야기를 하며 판매원과 고객의 관계가 아닌 서로에게 편안한 존재가 될 수 있다.

2005년 말, 아모레퍼시픽의 설화수는 국내 화장품 브랜드 중 최초로 연 매출 4천억 원을 돌파하는 기록을 세웠다. 혹자는 운이 좋았다고 말하지만 설화수는 하루아침에 개발된 상품이 아니다. 아모레퍼시픽의 롱런 브랜드 전략이 이루어낸 초일류 상품이라고 볼 수 있다.

1973년 출시된 생약 성분 화장품인 진생삼미가 20여 년간 진화를 거듭한 것으로 1996년 경희대 한의대 팀과 손을 잡고 개발해낸 제품이 바로 설화수다. 설화수의 매출은 아모레퍼시픽 전체 화장품 매출의 약 35퍼센트에 해당하고 업계 2위 업체의 전체 매출보다도 높을 정도로 공전의 히트를 치고 있다.

한 세대에서 사랑을 받는다면 이런 결과는 나오지 않았을 것이다. 이런 현상이 일어나는 이유는 설화수가 모든 세대에서 사랑을 받고 있기 때문이다. 한방 화장품이라고 하면 일단 중년 여성들에게 인기가 있을 것 같지만 설화수는 질감이 산뜻하고 품질이 우수해서 해외 명품 화장품만을 고집하던 젊은 여성들에게도 인기가 있고 한방의 고급스럽고 신비한 향은 외국인들에게도 매력적이다. 결국 설화수의 성공 비결은 우리의 피부에 맞는 화장품을 전통적인 시각에서 우리의 손으로 생산해냈다는 것에 있다.

뭐든지 가능하다는 진취적인 마인드로 무장하라

도전 정신은 사업을 하든 공부를 하든 원하는 것을 이루기 위해서는 없어서는 안 될 기본적인 마음가짐이다. 저장 상인들의 도전 정신은 엄청난데, 그들에게 도전 정신의 이유를 묻는다면 그들은 아마 더욱 많은 돈을 벌기 위해, 혹은 더욱 큰 업적을 세우기 위해서라고 말할 것이다. 도전 정신을 말하면 가장 먼저 생각나는 사람이 바로 저장 상인인 까닭이 바로 여기에 있다.

중국에서 역사가 깊은 상인 집단들을 살펴보면 후대에 와서 세력이 쇠잔해진 경우가 많은데 이에 비해 저장 상인은 역사 속에서 별다른 족적을 남기지 않은 반면, 지난 30여 년 동안은 화산처럼 놀라운 폭발력을 보여주었다. 그 원인 중 하나가 바로 저장 상인들이 상업을 통해 부를 창출해내려는 도전 정신이 강하기 때문이다.

중국 제1의 케이블 회사로서 케이블 대왕으로 불리는 장원룽 회장은 혼자 힘으로 스무 살에 이미 백만장자가 된 인물이다. 그는 기회를 찾는 젊은이들에게 이런 말을 한다.

"전국 각지를 다녀보면 분명 사업 기회가 많이 있을 것이라 생각합니다. 다른 사람의 생각은 중요하지 않습니다. 당신의 생각이 중요한 거죠. 뭔가를 시작하고 싶다면 일단 움직이세요. 움직이면 기회를 발견할 수 있을 것입니다."

그리고 성공 비결을 묻는 나에게 그는 이렇게 대답했다.

"일반인, 기업가를 막론하고 각각 다른 상황에서 추구하는 바는 달라진다고 생각합니다. 제가 창업할 당시 저의 목표는 돈을 버는 것이었습니다. 특히 막 상하이에 왔을 때는 제 소유의 집과 차를 갖고 싶었습니다. 이것은 무척 현실적인 것들이었죠. 그 후 저는 집과 차를 갖게 되었습니다.

제 첫 번째 차는 한국의 대우에서 만든 차였습니다. 제가 원하던 것들을 갖게 되면서 제가 추구하는 것들은 또 다시 바뀌기 시작했습니다. 공장을 갖고 싶다는 두 번째 목표가 생긴 거죠. 그리고 직원들의 생활이 좀 더 나아지기를 소망했습니다. 그래서 직원들의 봉급, 복지에 대해서 생각하게 되었습니다. 하지만 현재 제가 추구하는 바는 또 다릅니다. 우리 회사를 더 잘되게 하려면 먼저 야룽의 직원들로 하여금 우리 회사의 일원으로서 자부심을 갖고 떳떳해 하며 즐거움을 느낄 수 있도록 해야 한다고 생각합니다.

만약 이런 경지에 이르게 된다면 야룽은 큰 성공을 이루게 될 것이며 세계 500대 기업에도 들 수 있다고 생각합니다. 야룽의 직원들이 자부심을 느끼게 되면 사회에서 우리 회사의 입지는 굳건해질 것입니다. 지명도가 높아져야 또 직원들이 자부심을 느끼게 될 테죠. 한국의 삼성처럼 말입니다.

이러한 감정은 회사의 사회적인 영향력을 크게 향상시킵니다. 만약 우리 회사가 떳떳하다고 느낀다면, 즉 동종업계에서 우리 직원들의 봉급이 상대적으로 높다면 집에 돌아가서도 가족들에게 체면이 서지 않겠습니까. 다시 말해, 직접적으로 여유 있고 행복한 생활을 할 수 있다는 거죠. 결론적으로 제 생각에는 기업가나 모든 사람들은 처해 있는 상황에 따라 추구하는 목표가 달라진다고 생각합니다. 그리고 그 목표가 개인의 성공을 이끄는 힘이 될 테고요."

온주 상인들을 칭송한 등소평은 "발전이야말로 가장 견고한 원리다. 그런 의미에서 우리는 온주의 모험가들에게 감사해야 한다. 그들은 간부에서 평민에 이르기까지 각자 있는 곳에서 최선을 다한다"라고 말했다.

1990년대 후반, 기업들이 줄줄이 도산하며 중국 전역은 불황과 실업에 대한 공포로 패닉 상태에 빠져 있었다. 그러나 온주는 달랐다. 농사를 지을 땅 한 마지기가 없는 척박한 온주, 변변찮은 국영기업 하나 들어와 있지 않아 정부마저 버렸다고 했던 온주는 어느새 부유한 상업도시로 성장해 있던 것이다.

온주인들은 부모나 형제에게도 손을 벌리지 않고, 스스로 힘써 자립한다는 자강불식의 천성으로 과감하게 고향을 떠났다. 그리고 낯선 타지에 나가 구두 수선이나 노점상부터 시작해 자리를 잡으면 고향 사람들을 끌어 모아 온주상회를 건설하고, 지금은 중국에서 가장 부유한 상인으로 자리 잡았다. 성공을 해도 결코 고향을 잊지 않는 온주인들은 타지에서 축적한 부를 가지고 고향으로 돌아와 척박한 고향 땅을 개발하고 가난한 고향 사람들에게 부를 재분배하기를 망설이지 않았다. 지금은 각계 각층에서 온주의 성공 모델을 배우러 성지순례 행렬까지 이어지고 있는 상황이다.

중국에서는 이런 온주인들의 특성을 네 가지로 분류한다. 첫째, 과감하게 고향을 떠난다. 둘째, 고향의 친지나 친구들을 불러들인다. 셋째, 충동적일 정도로 빠르게 투자한다. 넷째, 선풍적으로 시장을 확대한다. '천하의 돈은 천하가 쓴다'고 믿는 온주인들은 돈이 모이는 곳이라면 어디든 간다. 돈 냄새를 감지해내는 기막힌 후각으로 찾아낸 시장에 전 재산을 투자하는 모험도 두려워하지 않으며, 육체적인 고생 또한 자기 수양의 과정으로 삼는다. 그리고 모든 것은 가능하다는 진취적인 정신으로 전 세계 어디라도 나가 시장을 개척해내는 것이다.

절실한 마음으로 시작한 창업이 성공으로 이끈다

저장성에는 상술에 능하고 성공한 사람들이 많다. 하지만 뜻밖에도 저장 상인의 대부분은 선천적인 상술의 귀재와는 거리가 멀다. 그도 그럴 것이 80퍼센트의 저장 상인이 농민 출신이며, 70퍼센트가 중학교 이하의 학력을 가지고 있고 그 중 다수는 소학교밖에 다니지 못했거나 심지어는 문맹까지 있을 정도다. 이런 측면에서 볼 때 그들은 분명 미래를 예측하는 상인의 능력이 부족하다고 볼 수 있다. 그래서 그들은 최첨단산업에 진출하는 대신 전통산업에 종사하고 있고, 기술 모방에 능한 특징을 갖고 있다. 그래서 혹자들은 이런 저장 상인들을 '초근층'이라 한다. 이는 국민들 중 평민 계층, 즉 가장 기층에 속하고 빈천하고 보편적인 계층을 뜻한다. 그러나 이러한 저장 상인들이 그런 불리한 여건에도 불구하고 어떻게 전국의 각지에서 경제적 입지를 확보할 수 있었을까? 또한 어떻게 그 역량을 세계로 뻗어나가게 할 수 있었을까?

나는 그것을 그들의 정신력에서 찾는다. "사업 기회가 있으면 어디든 저장 상인이 있다"라는 말은 그들의 정신력을 잘 나타내는 말이다. 전통적으로 상인은 사농공상 중 신분이 가장 낮다. 그런데도 저장 상인들은 상업에 종사하는 것을 최우선으로 생각한다. 자본이 많건 적건 창업이 쉽거나 어려운 것을 개의치 않고, 심지어는 단추나 라이터와 같은 소품으로도 세계에서 경쟁을 벌이고 있다. 저장성 사람들은 그렇게 대부분 상업에 종사하며 막대한 규모의 경제효과를 얻었다. 저장성 사람들이 유독 상업에 집착하며 그것을 으뜸으로 여기는 이유는 바로 초근층의 사람들이 생존과 발전에 대한 욕망을 오랫동안 억제해왔기 때문이라고 볼 수 있다. 그들의 그칠 줄 모르는 창업 동력은 바로 자신의 위치에서 탈출하고 싶은 절실한 마음에서 왔다고 볼 수 있는 것이다.

나는 저장성 사람들의 멈출 줄 모르는 창업 본능을 실제로 경험한 적이 있다. 그녀는 빌린 학비로 대학에 진학한 가난한 농촌 출신 학생이었다. 그런데 놀랍게도 그녀는 대학을 졸업하자마자 제법 탄탄한 중소기업에 취업을 하더니 여자의 몸으로 최연소 영업책임자로 발탁이 되었다. 하지만 그녀는 거기에 그치지 않고, 회사에서 창업 노하우를 배우고 나와 자신의 이름으로 빵집을 차렸다. 빵집은 매년 가파르게 매출이 상승했고, 지금은 각지에 몇 개의 체인점을 가지고 있을 정도로 성장하게 되었다. 저장인들의 지칠 줄 모르는 창업 본능을 보여주는 대표적인 예라고 볼 수 있다.

지금 세계에서 자신의 이름을 날리고 있는 저장 상인들도 한때는 모두 생존을 위해 죽기 살기로 자신의 일을 했던 사람들이다. 그들은 절실한 마음으로 오늘보다 아름다운 내일을 소망하기에 가능성만 있으면 끝까지 최선을 다한다. 이것이야말로 저장 상인들이 절대 쓰러지지 않는 비결이라 할 수 있다.

삼국 거상들의
성공 법칙 6

뛰어난 상술은 뛰어난 변화에서 온다

저장 상인들이 어떻게 신화를 이룩할 수 있었는가에 대한 답을
얻기 위해선 나춘후이의 행보를 관찰해볼 필요가 있다. 그는 그
가 창립한 기업인 정타이가 발전하는 동안 수많은 조치를 내린
적이 있다. 이 조치들은 저장의 민간기업 발전 역사상 영구적으
로 기록될 만한 것들이다. 그만큼 그의 적절한 조치가 지금의
정타이를 만들었기 때문이다.

　일단 온주의 상품이 품질 문제로 논쟁의 중심에 있었을 때,
그가 이 위기를 극복할 수 있었던 것은 과학기술을 중시했기 때
문이다. 1990년, 난춘후이는 미국 회사와 합자로 정타이를 설
립하였다. 그는 미국 기술의 도움을 받아 저전압 전자기기 제품

의 전면적인 업그레이드를 단행하였다. 그런 다음 그는 대량의 자금을 신상품 개발에 투입하였고, 그 후 몇 년 동안 백여 가지에 달하는 제품 시리즈와 4,000여 규격의 전기제품을 개발해내면서 상품의 세대교체를 실현하였다. 이로써 정타이 그룹은 중국 저전압 전자기기 시장의 거물로 우뚝 설 수 있었다.

과학기술의 중시는 기업이 앞으로 나아가는 데 있어 필수불가결한 요소다. 신발 수리공 출신인 난춘후이의 성공신화와 그의 과학기술에 대한 신뢰는 결코 뗄 수 없는 관계다. 과학기술의 역량은 이와 같이 거대한 것이다. 과학기술은 제일의 생산력이기 때문이다. 하지만 사실 시장경제가 막 형성된 초보 단계에서 사업 초창기에, 더구나 무엇을 하든 돈을 벌 수 있었던 소위 '황금시대'에는 굳이 힘들게 과학기술 개발에 돈을 투자하는 것을 낭비라고 생각하는 사람이 많다. 과학기술이 기업을 일으킨다는 것은 분명 맞는 말이지만, 시장이 번성하고 잘 풀릴 때 이런 말은 쉽게 무시당하게 된다. 제품이 좋아서 팔리는 게 아니라, 시장이 좋아서 팔리는 것을 인식하지 못한 채 현실에 안주하게 되는 것이다. 이렇게 현실을 제대로 깨닫지 못하면 강력한 경쟁자가 나타났을 때 억지로 세대교체가 이루어지게 되고, 그

197

과정을 통해 안이한 사고방식으로 사업을 지속해온 자신의 잘못을 반성하게 되지만 때는 이미 너무 늦은 상태다. 창업은 쉽지만 도태되는 건 금방이기 때문이다. 시간이 흐르고 나서 자신의 위치를 제대로 파악하지 못한 그들의 시야가 좁았다고 말하지만 장사가 잘되는 그 시기에 시야가 넓은 사람이 얼마나 있겠는가.

하지만 난춘후이를 비롯한 저장 상인들은 변화가 필요한 적시에 외부로 눈을 돌리거나 기술 개발에 중점을 두는 경영 정책을 펼치며 지속적으로 성장할 수 있는 기틀을 마련했다. 지금은 성숙된 시장이라 할지라도 언제 어떤 식으로 변할지 모른다는 생각을 늘 가지고 있었기 때문에 가능했던 일이다.

이 책을 읽고 있는 중이라면 아마 당신은 "사업의 성공은 변화로부터 온다"라는 말을 실감하고 있을 것이다. 변화가 힘든 것이라 생각하는가? 필요 없는 것이라 생각하는가? 그렇다면 한번 생각해보자. 변화가 없다면 세상은 어떻게 될 것 같은가? 직장인은 평생 직장인이고 사장은 평생 사장일 것이다. 노예는 평생 노예로 살 것이고 주인은 평생 주인으로 살 것이다. 그렇다면 호메로스는 시인이 될 수 없었을 것이고, 뉴턴도 만유인력의 법칙을 발견하지 못했을 것이다. 이렇듯 변화가 없다는 것은 매우 무미건조한 일이다.

변화는 절대적인 것이고 불변은 일시적인 형태에 불과하다. 기업도 마찬가지다. 변하지 않는 기업은 없다. 시간의 흐름을 따라 끊임없이 변할 때 비로소 어제보다 나은 내일을 맞이할 수 있다.

기업이 위기를 겪는 것을 보면 '불변'의 요소가 주도적이고, '변화'의 요소가 매우 적었음을 볼 수 있다. 이때 만약 위기에 놓인 상태에서 전략을 조정하거나 가던 길을 바꾼다면 이것은 변화의 엔진에 시동을 거는 것과 같다. 곤경에 빠진 기업에 올바른 방향을 제시해주고, 오래된 것을 새롭게 할 때 기업은 발전할 수 있다. 결국 가장 뛰어난 상술은 변화인 것이다.

잊혀진
장사의 목적을
기억하라

장사의 기본은 배려다

일본에서 '경영의 신'으로 대접을 받는 마쓰시타 고노스케는 경영을 단순한 돈벌이가 아니라 사람들의 행복에 기여하는 가치 있는 종합예술로 여겼다. 그래서 가끔 그는 돈보다 친절 때문에 더 존경을 받기도 했다. 물론 성공한 기업가로 존경을 받기도 했다. 하지만 존경이라는 것은 그저 성공이라는 이유 하나만으로 가질 수 있는 것이 아니다. 마쓰시타는 재산가로서가 아니라 겸손과 친절, 그리고 남을 배려하는 자상함이 있었기 때문에 일본 국민으로부터 진정한 존경을 받았던 인물이라고 볼 수 있다.

누구도 흉내 낼 수 없는 그의 깊은 배려가 담긴 실화가 하나 있어 소개한다.

1975년 어느 날이었다. 오사카에 있는 한 레스토랑에서 비즈니스 점심 미팅으로 파트너사의 임원과 식사를 하게 된 마쓰시타 회장은 상대방은 주문한 음식을 다 비웠지만 자신은 주문한 스테이크를 절반밖에 먹지 못하자 웨이터에게 오늘 요리를 담당한 요리사를 데리고 오라고 부탁한다. 대기업의 회장이 요리사를 부르자 요리사는 긴장했다. 혹시 스테이크가 맛이 없어서 그런 것은 아닌가 하여 요리사는 바짝 긴장한 상태로 그에게 다가가 입을 열었다.

"뭐가 잘못됐습니까?"

자기 앞에 있는 사람이 누군지 알고 있는 터라 요리사는 더욱 긴장할 수밖에 없었다. 하지만 그와 달리 마쓰시타 고노스케는 웃음을 지으며 이렇게 대답했다.

"스테이크 요리 하느라 수고했군요. 미안하지만 난 절반밖에 먹지 못했어요. 스테이크가 맛이 없어서가 아니에요."

"그런데 왜 음식이⋯⋯?"

"아주 맛이 있었습니다. 그렇지만 아시다시피 내가 나이 80인 노인이다 보니 식욕과 식사량이 예전 같지 않군요."

"네, 그러시군요"라고 말하며 긴장을 푸는 요리사에게 그는 다시 이렇게 말했다.

"내가 요리사를 좀 불러 달라고 했어요. 왜냐하면 주방에서 반밖에 먹지 않은 스테이크를 본다면 기분이 상할지 모른다는 생각에 미안해서⋯⋯."

그는 회사에서 사원 교육을 할 때도 종종 이렇게 말했다.

"여러분은 마쓰시타를 위해 일하는 것이 아닙니다. 자기 자신과 다른 사람들을 위해 일하는 것입니다. 여러분이 만나는 한 사람 한 사람이 다 여러분의 고객입니다."

결국 사업의 목적은 사람이다. 기업이 만드는 제품의 품질이 아무리 좋아도 그 기업의 이미지가 나쁘다면 아무도 그 기업의 물건을 구매하지 않을 것이다. 마쓰시타는 그 점을 잘 알고 있었다. 모든 사람을 배려하는 자세가 결국엔 자신이 몸담고 있는 기업을 위한 길이라는 것을 말이다.

가격을 내리기보다는 가치를 높여라

변압기 생산으로서는 중국 1위, 세계에서도 ABB와 지멘스에 이어 3위의 생산량을 기록하고 있는 정타이 그룹은 창업 20년 만에 매출 1조 5천억 원이라는 쾌거를 올렸다. 현재 중국 내외에 2,000여 개의 판매 법인과 9개의 공장을 운영하고 있으며 1만 5천여 명의 근로자가 일하고 있다.

창업부터 정타이의 직원 수는 1000배가 늘어났고, 자산은 2만 배가 불었으며 생산액은 10만 배가 늘어났다. 또한 이에 따른 이윤과 세금은 15만 배가 늘어날 정도로 발전했다.

조금만 구멍가게로 시작한 정타이의 성공비결 중 하나는 품질이다. 저가 덤핑을 일삼는 다른 업체와는 달리 정타이는 구멍가게였던 창업 초기 때부터 제대로 된 생산 허가증 아래 자체 브랜드를 달고 정직한 제품만을 판매해왔다. 그래서 중앙 정부는 정타이를 중점 지원대상 기업으로 선정했고, 이로 인해서 소규모 회사였던 정타이가 세계 일류 기업이 될 수 있었던 것이다.

품질을 우선시 하는 정타이의 기업정신은 현지 금융권에서도 크게 인정받고 있다. 현재 온주 사영기업(私營企業)들은 법인 대표 서명만으로도 은행에서 대출을 받을 수 있는데 이 모든 서명 중에서 난춘후이의 서명이 최고 가격으로 인정받고 있을 정도다. 농업은행 온주 본점에서는 그의 신용액수를 2억 위안으로 매겼다. 온주 상업계에서 난춘후이의 서명이 높은 평가를 받는 이유는 본인의 신용도가 높기 때문만이 아니라, 오랫동안 성실하게 경영을 해온 정타이 그룹의 기업 문화 덕분이다. 난춘후이 회장이 신용의 경영을 배운 것은 어린 시절 구두 수선을 하면서부터다. 그는 조금이라도 이상이 있는 부분이 있으면 손님의 요구 없이도 말끔하게 보수했고, 정직한 가격을 청구했기 때문에 멀리서부터 그를 찾아오는 단골손님도 많았다.

지난 2002년 정타이는 이탈리아 국가 전력회사 입찰 공고회에서 세계 각지의 30개 전기회사와 경쟁을 한 끝에, 제네럴 일렉트릭, 지멘스, 슈나이더 등 대형 다국적 전기회사를 제치고 6,000만 유로로 낙찰을 받는 성과를 올렸다. 품질의 중요성을 인식하며 가격을 내리는 것보다는 가치를 높이는 데 주력했던 정타이가 세계 시장에서 빛을 발하기 시작한 것이다.

저렴한 제품을 생산하기보다는 가치를 높이는 경영을 실천하는 온주 상인의 정신을 잘 보여주는 일화가 하나 있다.

1990년대 초 중국의 전력 공급이 급속도로 발전하고 도시와 지방의 전력망 개조공정이 한창 진행되고 있을 때의 일이다. 온주 상인 리웨션은 고압개폐기를 개발하기 위해 1994년에 카이위엔 개폐기 공장을 설립했다. 하지만 당시의 상황은 낙관적이지만은 않았다. 개폐기 시장은 이미 외국기업이 독식하고 있었던 상황이었기 때문이다. 하지만 리웨션은 아직 늦지 않다고 생각하고, 이 기회를 살려야만 한다고 생각했다.

그는 그간 자신이 장사를 하면서 인연을 맺은 업계 전문가들의 협조를 받아 개발에 착수했고, 1년 반의 노력 끝에 제품을 개발하기에 이르렀다. 국가시험에도 통과하고 수입제품의 성능을 능가하는 제품을 출시할 수 있게 되었다. 하지만 이미 외국제품이 출시한 후라 주위에서는 "가격을 좀 내려서 출시하는 게 시장을 장악하는 데 도움이 되지 않겠느냐?"라고 했지만 그의 생각은 달랐다. 그는 가격을 내리는 대신 외국제품보다 품질을 높여 가치를 상승시키는 데 집중을 했다.

결국 그를 통해 중국의 개폐기가 외국제품과 어깨를 나란히 할 수 있게 된 셈이다. 만약 그가 다른 사람들의 말을 듣고 저렴하게 저품질의 제품을 생산했다면, 그가 생산한 제품은 금방 단종되었을 것이다. 그리고 지금도 여전히 중국은 외국의 개폐기를 사용하고 있었을 것이다.

　이런 사례에서 볼 수 있듯이 세계를 무대로 뛰는 저장 상인들이 지금 또 다른 날개를 달고 있다. 세계의 공장에 불과했던 중국의 저장성이 이제는 상품의 가치를 높일 수 있는 R&D 센터를 갖춘 세계의 성장 엔진으로 성장하고 있는 것이다.

중요한 건 끊임없는 연구개발이다

일본에서 주류와 음료를 만드는 회사인 산토리의 히트 상품들은 다른 회사에서 찾아볼 수 없는 독특한 특징을 가지고 있다. 그 특징이란 실패한 제품들을 밑천으로 삼아 철저한 분석과 연구개발을 거쳐 성공에 도달한 상품들이라는 것이다. 그들은 성공에 도달할 때까지 연구개발을 멈추지 않았다.

　'실패는 성공의 어머니'임을 보여주는 히트 상품은 산토리가 2004년 3월에 출시한 녹차 이에몬(伊右衛門, 영어로는 lemon)이다. 이에몬은 2004년 한 해만 3,420만 박스가 팔렸는데, 일본 경제전문지인 「일경 트렌디」가 선정한 히트상품 2위를 차지할 정도로 인기를 끌었다. 이에몬의 인기는 계속 이어지고 있는데

2005년에도 5천만 박스가 팔려 9억 달러의 매출을 올렸다.

　이런 선풍적인 인기를 끌고 있는 이에몬은 새롭게 고안한 것이 아니라, 전에 출시했던 '쥬쿠차'의 뼈아픈 실패를 발판으로 삼은 것이라 더욱 관심이 간다. 1996년에 출시한 쥬쿠차는 중국에서 수입한 신재료와 신기술을 이용한 독특한 맛을 무기로 삼아 소비자에게 다가갔지만 결과는 완전한 실패였다. '잃어버린 10년'이라는 늪에 빠져 지쳐버린 일본 사람들은 아직 새로운 것을 받아들일 준비가 되어 있지 않았는데, 그걸 간과한 것이었다.

　그 후 산토리가 끊임없는 연구개발을 통해 장기 불황기에 소비자에게 어필할 수 있는 요소로 찾아낸 것은 '편안함'이었다. 편안함은 익숙함과도 밀접한 관련이 있다. 우선, 산토리는 튀는 맛 대신 은은한 맛으로 녹차의 콘셉트를 수정했다. 디자인도 일본인에게 친숙한 쪽으로 뜯어고쳤다. 용기를 대나무 물통 모양으로 바꾼 것이다. 또한 1790년에 창업한 교토의 전통 다원 후쿠주엔(福壽園)과 제휴해, 이에몬에 뿌리 깊은 '전통'을 심었다. 한마디로 편안한 맛에 전통 깊은 녹차 이에몬을 만들어낸 것이다.

성공의 열쇠는 새로운 것에만 있는 것은 아니다. 실패했던 경험을 통해서도 얻을 수 있고, 전통을 통해서도 얻을 수 있다. 이와 유사한 발상으로 성공의 열쇠는 비단 호황기에만 존재하는 것이 아니라고 말할 수도 있다. 달리 말해, 불황기에도 소비자에게 어필함으로써 성공으로 이끄는 성공지대가 있다는 이야기다. 또 다른 깨우침은 불패 신화에 연연하기보다는 과거의 실패를 철저하게 파헤치는 것이 성공을 몰고 올 수 있는 기회가 된다는 것이다. 하지만 우리가 여기서 얻을 수 있는 가장 중요한 깨우침은 끊임없는 연구개발이 결국 소비자의 마음을 움직이는 것이다.

아모레퍼시픽의 창업자인 고 서성환 회장이 중요하게 생각하는 덕목도 바로 지속적인 연구개발이었다. 연구인력 개발에 대한 그의 스타일만 봐도 그렇다. 그가 경영을 할 당시 경기도 용인에 위치한 태평양기술연구원의 인력은 250명에 달했다. 많은 기업에서 영업자를 늘려 이미 만든 제품을 팔려고 애를 쓸 때, 놀랍게도 그는 전체 3,150명 직원 중 7~8퍼센트가 R&D 인력일 정도로 연구개발을 최고로 생각했던 것이다. 그는 1999년 참경영인상 수상 때 이렇게 말했다.

"제조업체를 하는 사람은 기술을 항상 머릿속에 담아둬야

합니다."

　이런 그의 확고한 신념은 창업 후 9년 만인 1954년 후암동에 화장업계 최초로 연구실을 만들게 했다. 그가 연구개발에 얼마나 신경을 썼는지는 1958년 3월 아모레퍼시픽이 들여온 에어 스펀지 기계 값을 보면 대번에 알 수 있다. 당시 도입 가격은 160만 3,800원인데 이는 당시 쌀 한 가마의 값이 1,000원 하던 시절이니 기계 하나에 쌀 1,600가마니의 값을 지불한 셈이다. 이 같은 기술개발 우선 정책은 국내 최초의 화장품 수출로 이어졌다. 1964년 8월 에티오피아 수출을 시작으로 1970년에는 태국에 이어 1973년에는 미국과 독일로 이어졌다. 이는 1000여 년 전 고려의 개성상인이 중동까지 인삼을 수출했던 것에 비견되기도 한다. 1964년 당시 국내 수출품은 가발과 미역, 수산물이 고작이었던 시대에 공산품을 수출한 개가를 올렸기 때문이다.

　기술개발에 힘을 쏟은 또 다른 개성상인으로는 신도리코를 들 수 있다. 한국 사무 자동화 산업의 역사를 연 신도리코는 1960년 11월 국산 복사기를 선보인 이후 50년 동안 출력기 시장을 리드해왔다. 1973년에는 전자계산기를, 1975년에는 보통 용지식 복사기를, 1981년에는 팩시밀리를 모두 국내 최초로 개발해냈다. 불모지와도 같았던 우리나라 사무기기 시장에 새로운 바람을 불어넣은 기업이다. 금탑산업훈장을 2차례나 받았고, 3억 9천만 달러의 수출 실적을 올려 3억 달러 수출의 탑을 수상하는 등 기술에 관한 한 정평이 나 있다.

그 역사를 자세하게 살펴보면, 1983년 건식 복사기를 1988년에는 국내 최초 독자설계 팩시밀리를 선보였고, 1991년 국내 최초 독자설계 복사기를 내놓는다. 1994년엔 세계 최초 퍼지잼 복사기를 개발하고 우수품질 인정마크를 획득했으며 1997년에 디지털 복사기 시그마를 개발해 국산기술 인정마크를 획득하기도 했다. 2000년엔 디지털 복사기 러시안을 개발했고 2001년 보통용지 레이저 프린터 블랙풋을, 2003년엔 디지털 복사기 디지웍스를 개발하는 등 눈부신 성과를 올려왔다. 신도리코는 꾸준한 연구개발 투자로 그동안 국내외에서 얻은 특허만 244개, 실용신안, 의장, 상표등록까지 합치면 1,500개가 넘는다. 최근에는 세계 복사기 기술의 본고장인 일본을 비롯해서 미주, 유럽 등 세계 40여 국에 디지털 복사기, 레이저 프린트, 문서 자동 분류기 등을 공급하고 있다. 개척 정신을 중시하는 개성상인의 후예인 우상기 회장의 뜻을 이어받아 끊임없는 연구개발을 한 쾌거인 것이다.

일본의 산토리도 역시 마찬가지다. 그들이 오랜 세월 흑자 경영을 할 수 있었던 가장 큰 이유는 돈이 생기면 가장 먼저 연구개발에 힘을 쏟았기 때문이다. 일반적으로 기업이 보통 장사가 되지 않을 때 가장 먼저 줄이는 게 홍보비용, 그 다음이 연구개발에 대한 비용인데, 삼국의 거상들은 가장 어려울 때 가장 많은 돈을 연구개발에 투자했고 가장 큰 성과를 올리며 지금까지 오게 된 것이다.

고객을 내 몸처럼 파악하라

상인 앞에는 언제나 고객이 있다. 아니, 반드시 있어야 한다. 고객이 없는 상인은 이미 상인이 아니다. 그러므로 언제나 고객을 앞에 둬야 하는데, 그러기 위해서는 고객에 대한 애정이 있어야 한다. 상인 근성이나 상인 정신은 대부분 고객에 대한 애정을 말하는 것이다.

이에 관련해 오사카 상인들이 절대 잊지 않는 말이 있다.

"상인 앞에는 언제나 고객이 있다. 고객에 대한 애정을 잃지 않으면 반드시 성공한다."

170년 전에 문을 연 다카시마야 백화점은 일본에서 고객접점 서비스가 동종업계 중 가장 뛰어나다고 평가받고 있는 곳이다. 이 백화점엔 다른 백화점에서는 찾아볼 수 없는 독특한 근무지침이 하나 있는데, 바로 이것이다.

"남을 돕는 마음을 갖자."

백화점에서 근무지침으로 쓰기엔 좀 이상하다고 생각할 수 있다. 하지만 사회봉사단체 구호나 슬로건처럼 들리는 이 문구가 이 백화점의 근무지침이다. 여기에는 전에 식품매장에서 근무했던 한 직원의 미담이 계기가 되었다.

때는 1989년 5월이었다. 도쿄 변두리의 허름한 방에 혈액암에 걸린 파리한 얼굴의 한 소녀가 누워 있었다. 딸의 불행 앞에서 어머니의 가슴은 찢어지는 듯이 아팠다. 그때 갑자기 딸이 포도가 먹고 싶다고 말하자 마지막일지 모를 딸의 소원을 듣고 어머니는 무작정 포도를 찾아 나섰다. 하지만 때는 5월이었다. 이런 시기에 포도를 구한다는 것은 쉽지 않은 일이었다. 하지만 소녀의 어머니는 여기저기를 수소문하다가 마침내 다카시마야 백화점 식품부에서 포도를 발견하게 되었다. 그러나 어머니는 포도를 앞에 두고 긴 한숨을 내쉬었다. 오동나무 상자 속에 고급스럽게 포장되어 있는 포도 값은 수만 엔에 달하는데 가지고 있는 돈은 겨우 2천 엔뿐이었기 때문이다.

　이 광경을 유심히 지켜보던 직원이 그녀에게 다가와 사연을 물었다. 그러자 어머니는 암에 걸려 시한부 삶을 살고 있는 딸애가 포도가 먹고 싶다고 해서 왔지만 포도를 사기엔 턱없이 돈이 부족하다며 혹시 포도 몇 알만 팔 수 없느냐며 자신의 사정을 이야기했다.

　아마 그녀는 가능성이 없는 일이라는 것을 알면서도 부탁이라도 해야 마음이 편하니, 그런 의미에서 말했을 것이다. 하지만 아무런 기대도 하지 않고 돌아선 그녀에게 놀라운 일이 일어났다. 그 직원은 그녀를 불러 세워 낱알로는 팔 수 없다는 백화점 규정을 어기면서까지 기꺼이 송이를 잘라 예쁘게 포장을 해서 어머니에게 건네주었던 것이다. 손에 달랑 2천 엔을 쥐고 있던 어머니의 간절한 소망, 아니 병든 어린 소녀의 간절한 소망을 들어준 것이다.

　이 사연은 소녀의 치료를 담당했던 의사가 1989년 5월 4일자 마이니치신문에 기고하면서 일본 전역에 알려지게 되었다. 당연히 다카시마야 백화점은 이미지가 좋아지면서 손님이 증가했고 매출도 급성장 하게 된다. 이후 다카시마야 백화점에서는 '한 알의 포도를 담았던 마음을 소중히 하자'라는 근무지침이 채택되었고 신입사원 친절교육에서도 교재로 활용하고 있다. 고객의 아픔을 마치 내 몸의 아픔처럼 느낀 판매 직원의 고객에 대한 사랑이 담긴 작은 배려가 회사 발전의 커다란 계기가 된 것이다.

이와 유사한 이야기는 아니지만, '고객을 내 몸처럼 파악하라' 는 상술에 근접한 이야기가 개성상인에게도 있다. 개성은 농사조차 제대로 지을 수 없는 척박한 땅이었다. 개성의 사대부들은 절체절명의 위기 속에서 새로운 왕조의 권력에 굴복하지 않고 자존심을 지키며 살아남기 위해 애를 썼는데, 『조선왕조실록』에서는 개성상인의 품성에 대해 이렇게 전한다.

"개성부의 백성들은 모두가 장사를 하는 사람들로서 괴로움을 견디고 행실을 익히며 하는 일에 근면함이 있어 도성의 시정 사람들과는 사뭇 다른 데가 있다."

하지만 당시 장사할 밑천조차 없었던 개성상인들은 어떤 방법으로 장사를 했을까?

고려 패망 직후 살아갈 길이 막막해진 개성상인들은 방망이나 소쿠리, 떡시루, 빗자루 등 일용품을 지게에 지고 행상을 나섰다. 이들을 무시로 장수라고 불렀는데, 팔도를 돌아다니던 개성 출신 무시로 장수들에게는 나름대로의 장사 원칙이 있었다.

그것은 '부지런히 고객과 접하라', 접해서 '장사 이외의 대화를 자주하는 방식으로 접근하라', 그래서 친해지면 '외상을 주어 믿음을 얻은 다음 장사하라' 등이 있다.

　무시로 장수는 고객에게 어떤 물건을 부탁받더라도 밤을 새우고 잠을 못 자는 일이 있어도 어떻게든 그 물건을 구해와 약속한 날 아침에 물건을 주었다. 이렇듯 개성상인들은 마케팅이나 서비스에 대한 개념 자체가 정립되지 않았던 시절부터 고객만족과 감동의 상술로 단골을 모았던 것이다. 그 다음 부분이 중요한데, 그들은 전국을 돌며 행상을 했기 때문에 전국의 정보를 스펀지처럼 흡수할 수 있었다. 이게 아무것도 아닌 것처럼 보일 수도 있지만, 훗날 개성상인이 조선의 상권을 장악했을 때 이들이 발로 뛰며 모아온 고객에 대한 정보는 거대한 힘이 되었다. 척박한 땅에서 돈도 없이 작게 시작한 개성상인이 훗날 거대해질 수 있었던 까닭엔 이때 얻은 고객에 대한 정보가 큰 비중을 차지했을 것이다. 그 정보를 통해 개성상인들이 전국 고객의 마음을 미리 예측하고 헤아릴 수 있었던 것이다.

　일본의 상인이나 한국의 상인이나 공통점은 물건을 팔기 이전에 고객의 마음을 먼저 헤아렸다는 것이다. 물건의 사용법을 아는 것보다 상인에게 먼저 필요한 것은 고객의 마음을 아는 것이다. 그게 고객을 만드는 최고의 장사 기법인 것이다.

정보력을 통해 시장 기회의 발굴에 적극적으로 임하라

어쩌면 사업의 성공은 기회의 포착이 전부일 수도 있다. 기회를 포착하는 것만으로 막대한 이익을 얻는 것이 가능하기 때문이다. 하지만 기회를 포착하기 위해서는 비즈니스에 관한 상당히 넓은 지식을 가지고 있어야만 한다. 그 지식을 가지고 늘 연구하는 자세를 갖추고 있어야 한다. 실제로 삼국의 거상들의 공통점 중에 하나가 장사의 구체적인 내용에 관해서도 상당한 정보를 정리해놓고 있다는 것이다

가장 대표적인 예로 저장 상인을 들 수 있다. 언제나 사업에 대한 생각만 하기 때문에 저장 상인들은 망한 회사나 가게를 매입하는 것도 즐기는 데, 일단 저렴하게 매입할 수 있다는 장점이 있기 때문이지만 그들이 망한 이유를 잘 분석하다 보면 성공의 밑거름으로 삼을 수도 있기 때문이다. 그 하나의 사례가 성공을 위한 최고의 정보가 되는 것이다. 아무리 장사가 잘 안 되

는 가게라고 할지라도 저장 상인들이 일을 맡고 시작하면 이상하게 죽어버린 가게가 살아나고, 주변 상권까지 살아나는 현상이 일어난다. 이런 현상이 일어나는 이유는 그들이 장사에 대한 수준 이상의 후각을 가지고 있기 때문이기도 하겠지만 수십 년 동안 모은 정보력 때문이기도 하다.

저장 상인들은 옆집 사람, 뒷집 사람, 앞집 사람 모두 사업 파트너로 생각하는 특징을 갖고 있는데 이것이 정보를 공유하는 역할을 한다. 중국이라는 거대한 나라에 사는 국민들은 같은 나라 국민이라는 것보다 같은 고향사람이라는 좀 더 가까운 동질감으로 똘똘 뭉쳐 있다. 타지에서건 타국에서건 그들은 저장타운을 건설하고 힘을 모아 상술을 펼친다.

그래서 정기적으로 친목회를 가지며, 그곳에서 그동안 모아왔던 알짜배기 정보들을 공유한다. 워낙 정보수집에 능한 저장 상인들이다 보니, 친목회에서 모이는 정보들이 만나면 엄청난 시너지 효과를 발휘하는 것이다. 거기에는 망한 가게를 저렴하게 매입해서 다시 살아나게 만든 수많은 경험에 대한 사례가 있다.

그래서 그들은 앉아서 다른 저장 상인들의 수많은 성공담을

들을 수 있는 것이다. 그러니 저장성 사람들은 어떤 업종에 종사해도 성공하지 않는 이가 없을 정도로 사업에 대한 성공률이 높다.

물론 불가능한 것을 가능하게 만드는 것은 상당히 어려운 일이다. 땅이 녹아야 들에 냉이가 싹이 나고, 이웃집 술이 익어야 찌꺼기라도 얻어먹을 수 있기 때문이다. 살면서 좀 더 많은 기회를 발견하고 싶다면, 기회를 볼 수 있는 눈을 기르기 위해 삼국의 거상이 그랬듯 다양한 지식과 정보를 습득해야 할 것이다.

사람을 중심에 두고 생각하라

쇼핑을 잘 하지 않는 사람들도 대형마트나 백화점에 가보면
보통 1층에는 고가의 상품들이 진열되어 있는 것을 알 수 있을
것이다. 2층이나 3층, 그 위로 오르기 위해서는 1층은 필수적으
로 지나가야 하니 당연히 쇼핑 업체들은 1층에 고가의 수입 화
장품이나, 각종 액세서리들이 즐비한 고가의 매장을 두고 소비
자들의 눈을 현혹하는 마케팅을 하는 것이다. 하지만 홈플러스
매장에 가보면 이런 고정관념은 바뀌게 된다.

홈플러스 1층에는 매장 대신 고객들을 위한 공간이 있다. 1층
엔 고객을 현혹시키는 매장 대신 놀이공간과 문화 센터가 있다.

처음 영등포에 1호점이 생겼을 때 사람들은 그것을 바라보며 한마디씩 했다.

"1층을 활용하지 않는 마트가 장사가 되겠어?"

기업은 당연히 물건을 팔아 이윤을 내는 곳이다. 이것은 소비자도 분명 알고 있는 사실이다. 소비자도 물론 알고 있지만 그렇다고 너무나 적극적으로 이윤만을 추구하는 모습을 보인다면 반감을 사게 될 것이다. 하지만 고객만족, 즉 '사람을 중심'으로 경영을 펼친 홈플러스는 후발주자였다는 악조건을 이겨내고 연평균 67퍼센트의 성장을 지속하며 2009년에는 10조 원 매출을 올리는 기업으로 성장하였다.

매스마케팅 시대에 마케팅 전략요소는 4P로 대변된다. 마케팅 4P란, 제품(Product), 가격(Price), 유통(Place), 촉진(Promotion)의 앞자인 'P'를 상징한다. 이 마케팅믹스 4P는 1960년 이후로 마케팅의 대명사처럼 이용되었고 상당히 성과가 입증되기도 했다.

마케팅 전략요소로서 제조업에서 대량생산, 대량판매를 할 때에 유용한 개념으로 이용되어왔으나 시대가 바뀌고 소비자의 욕구도 변하면서 다소 미흡한 점도 발견되었다. 이제 마케팅은 기존의 마케팅믹스인 4P에 추가적으로 사람(People)이 들어가서 전략요소가 5P이다.

세계적인 커피 브랜드인 스타벅스는 마케팅 전략요소 중에서 사람(People)을 가장 중요한 요소로 보고 있다. 아무리 커피의 원료가 뛰어나다고 하더라도 고객에게 직접 서비스하는 시점에서 고객의 입맛과 맞지 않은 것을 제공하거나 브랜딩의 과정이 잘못되면 그 제품은 우수하다고 할 수 없기 때문이다.

품질도 사람이 결정하고 점포의 분위기도 사람이 좌우하며, 사람 간의 친밀감이야말로 최고 판촉이 되기 때문에 결국 모든 것을 제쳐두고 사람이 마케팅의 중심 요소가 된다는 것은 피할 수 없는 사실이다. 따라서 이제는 모든 것을 사람을 중심에 두고 생각해야 한다.

사람을 중심으로 생각하는 사례는 한일시멘트의 고 허채경 회장의 에피소드를 통해 전할 수 있다.

1986년 한일시멘트가 뱅뱅 사거리에 사옥을 지을 때의 일이다.

"이 사람아, 우리만 좋아서야 되겠는가. 남들 생각도 좀 해야지."

1986년 서울 뱅뱅 사거리에 18층짜리 사옥을 올린 허채경 회장은 자기 사옥을 '한일시멘트빌딩'으로 이름 짓지 않았다. 대부분 자기 기업을 홍보하기 위해서 사옥을 지을 때 사명을 빌딩의 이름으로 쓰는 걸 생각하면 좀 특이한 부분이라 생각할 수 있다. 그는 사명 대신 자신의 호를 따서 우덕(友德)빌딩이라 지었다. 그 빌딩에 입주할 타사 사람들을 배려하기 위해서였다.

가장 먼저 사람을 생각하는 경영을 했던 그의 철학이 빌딩 이름을 정할 때도 빛을 발하는 순간이었다. 우덕은 그의 공장이 위치한 충북 단양 우덕리에서 따온 그의 호이자 '친구의 덕'을 뜻하는 이름이다.

이렇듯 6개 계열사를 합쳐 1조 2,000억 원대 그룹 매출을 올린 한일시멘트의 저력은 바로 고 허채경 회장의 인간존중 정신에서 나왔다고 해도 과언은 아니다. 실제 1961년 한일시멘트가 설립된 것도 당시 20여 명으로부터 공동 출자가 있었기에 가능했다.

그때 도움을 받은 대표적 지인이 같은 개성상인들인 이정림 대한유화공업 회장과 이회림 동양제철화학 명예회장 등이다. 만약 그가 사람을 중심에 둔 경영을 펼칠 수 있는 역량을 가지고 있지 않았다면 사업을 시작할 때 선뜻 그에게 투자를 할 지인도 없었을 것이다. 사람에 대한 그의 철학이 한일시멘트의 창업을 도왔고 발전까지 도운 셈이다.

사업철학과
사업윤리를 세워라

윤리경영이 장기적 생존을 좌우한다

상인이라면 누구나 밑지는 장사를 하지 않으려 한다. 하지만 굳이 밑지는 장사를 하는 사람이 있는데 그들은 십중팔구 잘나가는 상인이다. 사실 잘나가는 상인이 기꺼이 손해를 감수하고 장사를 하는 것은 다 목적이 있기 때문이다. 그들은 장사란 "나도 벌고 너도 벌고 모두에게 남는 이익이 있어야 계속해나갈 수 있는 것이다"라고 생각한다. 장사도 혼자만 잘해서 성공할 수 있는 게 아니다. 잘나가는 기업인은 그것을 알고 있다. 주변에 자신을 돕는 사람들도 함께 잘돼야 자신도 잘되는 것이다.

이런 방식으로 사람을 돕는 윤리적인 장사를 하게 되면 장사의 규모도 계속 커지게 된다. 간단한 원리인 것 같지만 사실 바로 이 점이 일반 기업가와 대기업가의 가장 큰 차이점이다. 모두에게 이득을 주는 윤리적인 장사를 하기 위해서는 일단 계획을 철저하게 세우고 기업을 운영해야 한다. 모든 것은 안정이 돼야 가능해지기 때문이다.

실제로 무계획형 사업가는 당장에 돈을 벌어도 장기적으론 발전을 하지 못하는데 그 이유는 오늘 벌면 버는 거고, 내일 일은 계획하지 않기 때문이다. 그렇게 되면 하루하루가 지나면서 마음이 급해져서 '나 하나만 잘되면 돼'라는 이기적인 마인드로 장사를 하게 된다. 반면 대기업가가 되고자 하는 이는 계획형인 경우가 많다. 이들은 언제나 장기적인 이익을 고려하기 때문이다. 삼국의 거상 중에서 대기업가가 특히 많이 배출된 이유도 여기에 있다. 그들은 하나같이 자신만 잘되는 것에 집중하지 않았다. 분명한 계획이 있으므로 스스로 옳은 길로 갈 수 있고, 그

길로 가면서 주변에서 자신을 돕는 사람들과 함께 이익을 나눠 가질 수 있게 된 것이다.

일본의 오사카 상인은 개업 당일에는 원가 이하로 제품을 판매해서 일단 손님을 끈다. 개업 기념으로 떡이나 한 접시 돌리는 다른 상인들과 다르다. 비록 적자가 크게 나더라도 장차 손님을 확보하기 위해 서비스 정신을 발휘하는 것이다. 가게가 망하더라도, 폐업하는 날에도 뭔가를 공짜로 답례하면서 그간의 성원에 보답한다. 이것이 장기적인 미래를 위해 현재를 충실하게 보내는 오사카 상인이다. 그들만의 윤리경영인 셈이다.

또한 앞서 말했듯 산토리는 1961년 일본 전통미술 전문 박물관인 산토리 미술 박물관을 열었으며 1986년에는 클래식 음악 전용 홀인 산토리 홀을 도쿄에 개관했다. 내가 말하고 싶은 것은 이 문화 마케팅의 이면 숨어 있는 산토리의 전략이다. 예술을 즐기는 사람이 산토리의 위스키를 마신다는 메시지를 소비자에게 전달하고 있는 것이다. 수입 양주 일변도인 시장에 뛰어들어 국산 양주 생산이라는 블루오션을 개척한 점이나 주류 회사이면서도 국민기업의 이미지를 심는 데 성공한 점 등 산토리는 여러모로 특이한 기업임이 분명하다. 그리고 100년 이상

한 가지 사업영역에서 꾸준히 성공하고 있는 기업은 일본뿐만 아니라 세계적으로도 흔치 않은 사례다. 이면에는 문화를 즐기는 사람이 산토리를 즐긴다는 경영전략을 품고 있지만, 겉으로는 윤리경영의 일환으로 보였기 때문에 산토리는 오랜 세월 발전을 거듭하며 성장할 수 있었던 것이다.

많은 이들이 성공한 사업가들은 잘 차려 입고, 고급주택에 살며, 좋은 자동차를 몰고 다닐 거라고 생각한다. 심지어는 그저 돈에 미친 사람들이라고 생각하기도 한다. 하지만 그들이 돈을 축적하는 데만 관심을 가졌다면 기업이 제대로 운영되지 않았을 것이다. 성공한 상인 중에는 기업을 경영하면서 사회책임 의식을 가지고 있는 기업가들이 많다.

윤리경영의 대표격 인물인 저장성 출신 사업가, 닝보 버드 전자의 이사장인 쉬리화는 이렇게 말했다.

"5만 위안을 벌면 내 개인 소유가 될 수 있고 50만 위안 역시 개인 소유라고 할 수 있지만, 500만 위안을 벌면 그것은 내 개인의 것이 아니라 사회의 것이다."

기업과 사회는 상호작용 관계에 있다. 인류의 발전을 자신의 의무로 삼는 기업은 더욱 빨리 사람들에게 다가갈 수 있으며, 신용을 얻을 수 있게 된다. 이러한 효과는 어떤 광고보다 강력한 힘을 발휘한다.

상인들에게 고객보다 상도를 먼저 가르쳐라

상인에게는 사람을 대하는 태도가 중요하다. 사람들과의 교류에서 첫인상이 성공의 여부를 결정하는 매우 중요한 요소라는 것을 알아야 한다. 진심을 다해 친절하게 대하면 좋은 느낌을 주어 상대방의 호의를 얻을 수 있고, 그것이 성공의 시작이 된다. 그만큼 물건을 팔기 이전에 그 물건을 파는 사람의 태도가 중요하다는 것이다.

오사카 상인들은 이미 1700년대에 상술과 상도의 교육을 중요하게 생각했다. 그래서 그들은 상인들을 위한 학교까지 설립할 정도였다. 상인들의 학교인 회덕당에는 누구나 입학이 가능했다. 신분제도가 엄격했던 시절이었지만 회덕당은 상인들의 자녀들과 입학을 원하는 무사들의 자녀들까지 어떤 차별도 없이 공평하게 교육시킨 근대화된 학교였다. 1869년에 폐교되었다가 50년 후인 1916년에 다시 부활되었는데 지금은 학술 세미나를 개최하거나 상인들에 관련된 자료를 발간하는 연구단체로 남아 있다. 상인들에게 상도를 가르쳐온 상인의, 상인에 의한, 상인을 위한, 회덕당의 교육 과정에 대해 알아보자.

그들이 가장 중요하게 생각하는 것은 뛰어난 원가계산, 고객 중심의 서비스 정신, 근검절약, 평소의 꾸준한 공부와 인내심, 그리고 올바른 상도덕과 금전관이었다. 오사카 상인들이 지켜나가는 센바 상도의 기본은 '손님에게 지는 정신'을 말한다. 돈을 남기는 것은 '하', 가게를 남기는 것은 '중', 사람을 남기는 것은 '상'이라 하여 가게보다 고객을 중시하는 정신을 말하는 것이다. 일본 상인들의 바이블이라 일컫는 『석문심학』에서도 노동을 자기완성으로 나가는 길로 보고 장사를 단순한 돈벌이가 아닌 정신수양의 과정으로 파악하고 있다.

이에 대한 사례가 하나 있다. 앞서 소개하기도 했던 일본에서 가장 오래된 기모노 가게인 고다이마루는 아주 큰 화재가 난 적이 있었다. 보통의 가게였다면 화재로 인한 자신의 손해를 헤아리며 울고 있었을 것이다.

하지만 고다이마루는 화재로 인해 가게가 모두 불타버렸을 때에도 자신들의 손해를 걱정하기보다는 약속한 시간에 물건을 전해주지 못한 고객들에게 사죄하는 사과문을 가게 앞에 붙이고, 수백 개의 복주머니를 제작해 나누어줄 만큼 철저한 고객 위주의 상도를 실천해왔다. 그 상인 정신이 화재로 인해 재로 변해버렸던 고다이마루가 다시 일어설 수 있는 힘을 만들어준 것이다.

온주 상인 역시 고객을 알기 전에 상도에 대해 먼저 교육을 받았다. 노자는 "천하의 어려운 일은 반드시 쉬운 일부터 하고, 천하의 큰일도 반드시 작은 일부터 시작된다"라고 했는데, 온주 사람들은 허황된 꿈을 꾸며 큰 것만을 고집하지 않고 혼신의 힘을 다해 노력해서 작은 것을 크게 만드는 것에 대한 교육을 받았다. 그래서 그들은 창업 초기에 작고 별것 아닌 것을 무시하지 않았고, 성실하게 경영에 임할 수 있었다.

온주 사람들은 일을 하며 공을 세웠어도 여전히 소자본 경영자로 종사하는 것을 가볍게 생각하지 않았으며, 심지어 다른 사람들에게도 그의 상도를 적극적으로 배우기를 권했다. 아무리 작은 것이라도 가볍게 생각하지 않는 덕분에 그들은 대부분 행상과 노점의 경험도 가지고 있다. 때문에 그들의 다양한 경험은 그들 자신에게 돈을 버는 성취를 이루게 했을 뿐 아니라, 큰 사업의 밑천이 되기도 했다. 그리고 그들은 사업가로서의 내공

을 쌓을 수 있었다. 이와 같은 이유로 오늘날 그들의 사업 영역
은 갈수록 다양해지고 규모는 갈수록 커진 것이다.

사업철학이란 '가치 있는 조직'에 대한 물음이다

전재준 삼정펄프 회장은 젊은 경영인들을 만나면 그의 사업철
학에 대해 이렇게 말한다.

"생산업자는 만드는 데만 신경 써야지. 땅 팔아 큰 돈 벌겠
다는 생각은 상도에서 벗어나는 것이야. 돈이란 끝이 없어. 일
만 열심히 하면 벌 수 있는 게 돈이고, 영원토록 가질 수 없는
게 돈인 게야."

그의 사업철학은 '무소유경영'이다. 그는 사업을 통해 진정
한 무소유를 실현하고자 한다. 그의 삶의 궤적에서도 자본보다
는 신용을 중시했던 개성상인의 상도가 배어 있다. 그는 말뿐
만 아니라 실제로 무소유경영을 실천하고 있는데, 300억 원 상
당의 공장터를 안양시에 기증해서 세간의 관심을 불러일으킨
적도 있다. 또한 50억 원 상당의 부동산을 성균관대에 기탁을
하기도 했다. 그는 언제나 "자신에게 남길 것과 남에게 줄 것

을 정리하는 것으로 여생을 보내고 싶다"라는 확고한 신념을
밝힌다.

앞서 잠깐 언급했지만 일본의 대표적인 주류업체인 산토리
는 일본인들의 존경을 받는 회사다. 어떤 사람들은 이 설명에
의구심을 가지고 이렇게 반문할지도 모르겠다.

"아니, 술 만드는 회사가 어떻게 국민기업이란 말인가? 일
본 사람들이 그렇게 술을 많이 마시나? 그렇게 존경할 기업이 없
는 건가?"

그러나 모든 편견을 뒤로 하고, 분명 산토리는 일본의 국민
기업이자 일본에서 가장 존경받는 기업 중의 하나다. 그 중 하
나가 바로 절주 캠페인인데, 회사의 규모가 커질수록 산토리는
'매년 음주운전 사고가 늘어나고 있다'는 등의 항의에 시달렸
다. 그러자 산토리는 과감하게 '술을 적게 마시자'라는 절주 캠
페인을 시작했다.

술을 파는 회사에서 절주 캠페인을 벌인다니 애주가든 아니
든 일단 그 기업에 호감이 갈 수밖에 없다. 예상은 적중해서 술
을 적당히 마심으로써 건강을 지키고 즐거운 음주문화를 확립
하자는 산토리의 캠페인은 기업 이미지를 상승시키는 데 결정
적인 역할을 했다. 소비자들은 '술을 판다 해도 산토리는 무언

가가 다르다'라는 인식을 갖기 시작했다. 산토리는 1991년부터 음주와 관련된 사회문제를 처리하기 위한 전담 부서를 운영하고 있을 정도다.

결국 산토리가 가진 모든 경쟁력의 핵심은 이 브랜드가 사업철학을 가지고 있다는 말로 요약된다. 주류라는 한 우물을 파는 동시에, 문화와 환경운동을 후원하는 세련되고 고급스러운 마케팅, 절주 캠페인 등 회사의 미래를 위해 투자하는 장기적인 안목 등이 오늘날 존경받는 기업 산토리를 키운 것이다.

독특한 기업철학을 가지고 있는 산토리는 주류 외에 스포츠 음료와 직영 레스토랑, 약품, 화훼 등의 사업도 병행하고 있다. 이들 사업은 모두 산토리의 핵심인 주류 사업을 보완하기 위한 것이다. 와인 생산을 위해 외국 포도나무를 들여와 일본 식생에 맞게 개량하는 과정에서 화훼 사업이 시작되었고, 술이 사람에게 미치는 영향을 연구하다 신약을 개발하게 되어 약품 사업에 뛰어들게 되는 식이다. 이런 식으로 연구를 하다 산토리는 세계 최초로 푸른 장미와 푸른 카네이션을 재배하는 데 성공하는 진기록도 남겼다.

낮은 품질의 상품을 파는 것은 가짜를 파는 것과 같다

기업계에서는 특이한 현상들이 있는데, 그 중 대표적인 사례가 바로 각 기업마다 구호를 앞세우며 목표를 높게 잡는다는 것이다. 매출액이 천 억도 되지 않는 중소기업이 걸핏하면 세계로 진출한다고 큰 목소리를 낸다. 또한 한국에서도 이름이 없는 기업이 세계 500대 기업에 오르겠다는 청사진을 발표하기도 한다. 많은 이들이 이런 현상을 바라보며 현실과 너무 동떨어져 있다고 비판하지만 사실 기업의 이런 행동은 반드시 필요한 것이다.

예를 들어 어떤 사람이 체중 감량을 하기 위해 자전거를 타는 데 목표를 100분을 타는 것으로 잡으면 80분밖에 못할 수도 있지만 60분을 잡으면 30분도 하지 못하고 그만둘 수도 있다. 만일 어떤 기업이 일류 제품을 생산하기로 목표를 세웠다면 설령 그 기업에서 만든 제품이 일류가 되지는 못하더라도 최소한의 품질 이상의 제품을 만들어낼 가능성이 높아진다. 이렇듯 상품을 만들 땐 자사가 가지고 있는 능력 이상의 목표를 잡아야 품질 상향을 이뤄낼 가능성이 높아지게 된다. 실제로 개성상인 중 많은 이들이 이런 방법으로 기업을 운영해왔다.

신용을 중시하는 개성상인의 태도는 그들의 마케팅 활동에서도 그대로 드러난다. 그들은 소비자들을 현혹시키는 광고보다는 그 노력을 품질 개선에 투자하여 질 좋은 제품을 생산해내는 것이 성공하는 방법이라고 생각하였다. "고객을 속이지 마라"라는 아모페퍼시픽이 고 서성환 회장의 말처럼 개성상인들은 마케팅 활동에 있어서도 있는 그대로를 전달하여 신용을 얻는 모습을 보여주었다.

중국은 전 세계 신발 연간 생산량의 50퍼센트에 달하는 70억 켤레의 신발을 생산해 '세계의 신발 공장'이라고 불리는데 이런 중국 내에서도 '신발 도시'라고 불릴 만큼 제화제품을 많이 생산하는 도시가 바로 온주다. 현재 온주의 신발 업체는 총 4,500개인데 매년 9억 켤레 이상의 신발을 생산하고 있으며 300억 위안의 매출을 올리고 있다. 바로 그 온주 신발의 선봉에 캉나이가 서 있다. 현재 캉나이의 매장은 중국 내에서만 2,500여 개에 이르고 미국 프랑스, 이탈리아 등 해외에도 100여 개 이상의 전문 매장이 진출해 있다. 캉나이는 이에 만족하지 않고 중국산 제품이 가지고 있는 저가품의 이미지가 아니라 고급스러운 가죽제품의 이미지를 굳혀 명품 브랜드로서 세계 유명 브랜드 시장을 석권하겠다는 야심찬 포부를 가지고 있다.

캉나이는 선진화된 시설을 받아들이고 사원 복지에도 신경을 쓰는 등 경영관리에 심혈을 기울이고 있다. 중국 각지에서 몰려든 직원 4,000여 명을 위해서 깨끗한 기숙사와 3,000여 평 규모의 휴식공간도 제공하고 있다. 이에 보답이라도 하듯 캉나이는 빠른 속도로 성장해서 중국 제화 산업을 이끄는 선구자이자 온주 신발 제조업체들의 경쟁력을 높이는 촉진제 역할을 하며 중국인들이 가장 입사하고 싶은 기업 중 하나로 성장하고 있다.

실제로 캉나이의 직원인 후춘장은 "나는 우리 회사의 직원 중 한 사람으로서 자부심을 느끼고 있다. 우리의 과제는 세계 시장을 향해 뻗어나가는 것이다. 나는 이 목표가 이뤄질 수 있다고 믿고 있다"라고 말하며 애사심을 보이고 있다.

캉나이와 함께 중국 제화 업계 1위를 달리는 명품 구두인 아오캉의 전자업체를 방불케 하는 깨끗한 생산라인에는 이탈리아에서 들여온 최첨단 설비로 가득하다. 이런 작업 환경은 구두 제왕 왕전타오 회장의 방침 때문이다.

온주산 신발 파동 이후 명예와 신용의 중요성을 알게 된 왕전타오 회장은 온주 제화업계, 나아가 중국 제화업계의 이미지를 재건하기로 결심했다.

1988년 300위안을 들여 조그만 가죽 공장을 열면서 그는 생산설비를 사들이고, 경험이 많은 제화 기술자들을 초빙해서 새로운 브랜드를 알리는 데 힘을 썼다. 그리고 중국 최초의 공장 직영 점포를 열었고 고객들로부터 스타일, 사이즈, 색깔, 품질에 대한 의견을 듣고 곧장 공장으로 보내 생산하는 주문제 생산을 시행했다.

고객들은 사나흘이면 자신이 원하는 제품을 점포에서 만날 수 있었다. 아오캉은 이후 한 달 만에 다른 점포 열 개의 매출과 맞먹는 매출액을 올리며 고객의 호응을 얻었다. 현재 아오캉은 직원 수가 5,000명에 이르고 연간 생산량이 1,000만 켤레, 전국 30여 개의 지사와 2,000여 개의 체인을 가지고 있는 거대 그룹으로 성장했다.

아오캉의 쩌웨이 부사장은 "우리는 계속 변화하는 혁신형 기업입니다. 경영을 할 때 판매기법에도 변화를 줄 수 있고 관리기법에도 변화를 줄 수 있으며 생산 공정도 변화를 줄 수 있는데 이런 끊임없는 변화가 아오캉을 발전시킨 원동력입니다"라고 성공 비결을 밝히고 있다. 중국 내 제화업계 중 브랜드 파워가 가장 큰 아오캉은 진품임을 표시하는 방지 시스템을 통해서 불량 모조품이 나오는 것을 막는 등 온주산 제화업계의 모범이 되고 있다. 품질과 디자인이 우수한 아오캉은 외국 브랜드의 중국 입성에도 불구하고 그 명성을 당당하게 이어가고 있다.

삼국 거상들의
성공 법칙 8

전 세계에 피 묻은 발자국을 남겨라

전문탐방기자인 주요우디는 당시 신장 위구르 자치구 아러타이 지역 설산 아래의 작은 현을 탐방할 때 온주의 신발 상인을 우연치 않게 만난 적이 있었다. 많은 대화를 나누며 그는 신발 상인이 봄이 시작된 후 무거운 짐을 메고 설산을 넘어 카자흐 유목민을 뒤쫓아서 신발을 수선해주면서 돈을 벌고 있다는 것을 알게 되었다. 카자흐족은 유목민족으로, 한 곳의 초원에서 먹이를 먹인 후 다른 초원으로 떠나는 것을 반복한다. 이들은 그들의 특성상 끊임없이 초원을 바꾸며 옮겨 다니기 때문에 이 온주 신발 상인 역시 그들을 따라 끊임없이 움직여야만 했다. 카자흐 유목민들이 신은 신발은 소가죽을 엮어서 만든 일종의 승마화로, 이 승마화는 땅에 묻어 있는 눈과 물에 약해서 쉽게 구멍이 나는 단점을 갖고 있었다. 때문에 눈이 녹아내리는 초봄은 온주 신발 상인이 돈을 벌기에 좋은 시기였다. 주요우디는 신발 상인에게 이렇게 물었다.

"두 발 가진 사람이 네 발로 달리는 말을 뒤쫓아가려면 힘들지 않나요?"

그러자 온주 신발 상인은 "사람의 신발을 고쳐주고 버는 돈은 땀으로 버는 돈인데 힘들지 않으면 되겠어요?"라고 말하며 신발과 양말을 벗어 자신의 발을 보여주었는데, 그의 발은 피멍으로 가득했다. 마치 발 전체가 하나의 멍처럼 보일 정도였다. 그리고 주요우디는 상인의 신발 수선 상자를 들어보았는데, 어깨를 짓누를 정도의 무게에 또 한 번 놀랐다.

"온주 사람들은 특히 고생을 잘 견딘다"라는 말은 장쩌민 전임 주석이 온주 사람을 두고 평가한 말이다. 온주에는 실제로 상상할 수조차 없는 고난 속에 창업을 하는 사람들이 많다. 그래서 사람이 있는 지역이라면 곧 온주 상인이 있다는 말이 있을 정도다. 그들은 창업이 부자가 되기 위한 유일한 희망이라고 생각했기 때문에 어떤 고난도 마다하지 않고 중국의 이곳저곳에 피 묻은 발자국을 찍고 다녔던 것이다. 그 발걸음은 결국 중국

을 넘어섰다. 어려서부터 어깨에 무거운 짐을 진 온주 사람의
움직임은 대양을 건너 짐 보따리를 해외로까지 옮긴 것이다.

　세상에는 한 번 고생했다고 해서 영원히 편안해지는 일은
없다. 비즈니스도 마찬가지다. 물은 거슬러 올라가기도 하고,
때로는 밀려 내려오기도 한다. 창업은 물론 어려운 일이지 어느
정도 수준에 올라 그 상태를 유지하는 것은 더 어려운 일이다.
계속 앞으로 나가는 자만이 모든 것을 성취할 수 있다. 나아가
지 않으면 지켜야 하고, 지키려 하면 반드시 패하게 되어 있다.
이것이 바로 병법서에 나오는 "공격이 최선의 방어"라는 명언
이다. 단순히 비즈니스뿐만 아니라 인간사의 모든 일이 이와 같
아서 전진만이 옳은 길이 되는 것이다. 전진한다는 것은 곧 개
척이며 진취적으로 사업을 하며 계속 성장하는 것이다. 삼국의
거상들은 이런 사업의 생리를 잘 알고 있었기 때문에 늘 높은
목표를 잡고, 높은 실적을 달성하기 위해 끊임없이 노력했다.

멀리 가고 싶으면
신뢰를 쌓아라

고객은 상품이 아니라 '신뢰'를 구매한다

사기를 치는 것은 올바른 일이 아니다. '일을 하다 보면 그럴 수도 있지'라는 것은 그저 변명일 뿐이다. 내 주변에도 사기를 당해본 사업가들이 있지만, 많은 시간이 지난 후에 보면 그런 잔머리를 굴리며 사업을 하는 사람들은 결국 잔머리만 믿다가

별다른 성공을 하지 못한다. 하나하나 착실하게 쌓아나간 후 결국 휘황찬란한 업적을 얻는 게 진짜다.

장사에서 신용이란 목숨보다 소중한 것이다. 장사에 거짓이 들어서면 망하는 건 일순간이다. 아무리 승승장구하고 있을지라도 신용을 잃는다면 추락은 금방이다. 고객의 주문, 의뢰, 고객의 불만 등에 늘 관심을 가지고 있어야 한다. 이럴 때 고객에게 실수를 하게 되면 그 실수는 영영 돌이킬 수 없게 된다. 고객은 늘 떠날 준비를 하고 있기 때문이다. 반면에 한번 얻은 신용은 천금과도 같은 것이다.

장사는 아무런 생각 없이 그냥 하는 것이 아니다. 또한 신용이라는 것 역시 그냥 생기는 것이 아니다. 물건 하나를 팔더라도 제대로 팔아야 신용이 생기는 것이다. 그렇기에 상인은 인내와 고통을 견뎌내기 위해 잠을 설친 밤도 있어야 하고, 고통을 받는 시간도 있어야 한다. 이것이 귀중한 자산으로 쌓여 신용을 쌓는 데 기반이 될 것이다.

고 서성환 회장이 가장 강조한 경영철학은 바로 이것이다.

"돈은 잃어도 신뢰를 잃진 마라"

1945년 9월 5일, 해방된 지 20일 후인 서울 남창동에 화장품 회사가 들어섰다. 이 회사가 2009년 1조 7,690억 원, 영업이익은 2008년 대비 17.8퍼센트 성장한 3,006억 원을 올린 국내 1위 화장품사 아모레퍼시픽이다. 이제 글로벌 기업으로 성장한 아모레퍼시픽은 서성환 회장이 만 22살 나이에 창업한 회사다. 그의 호는 장원(粧源)이다. 해석하자면 '화장품의 본류'다. 이름에까지 자기 사업을 새겨넣을 만큼 그는 평생을 화장품에 바쳤다. 이런 사소한 부분에서까지 고객을 향한 그의 신뢰성이 느껴질 정도다.

신용에 대한 그의 독특한 철학을 느낄 수 있는 사례가 하나 있다. 때는 한국전쟁 즈음이다. 전쟁이 터지자 그의 활동 무대는 피난처인 부산으로 옮겨졌다. 그는 부산 초량동에 미니 공장을 세워 직접 고깔모를 쓰고 큰 북을 멘 채 '동동구리무'를 외치며 팔고 다녔다. 이때 내놓은 상품이 일명 'ABC포마드'인데, 해방 후 화장품 업계 최대 히트상품이었다. 아모레퍼시픽 50년사에 따르면 당시 전국 도매상들이 아모레퍼시픽 공장 앞에서 '제품을 내놔라'라며 장사진을 쳤을 정도로 ABC포마드의 인기는 하늘을 찔렀다.

이때 그의 장사표철학이 굳어졌다. "눈앞의 이익보다는 고객과의 신용을 얻기 위해 최선을 다하라"라는 얘기다. 당시 부산은 사람은 넘쳐나는데 물자가 부족했던 상황이니 당연히 인플레가 극심했다. 보통의 상인이라면 엄청나게 가격을 올려 팔았을 텐데, 그때 고 서성환 회장은 ABC포마드의 출고 가격을 단 한 번도 올리지 않았다. 인플레로 인한 원가 상승을 스스로 끌어안은 것이다. 또한 도매상들에게도 판매가를 올리지 못하도록 철저히 단속하는 것도 잊지 않았다. 물건이 달린다고 연락이 오면 밤이고 낮이고 직접 배달을 다녔고, 하자가 있는 상품은 즉각 교환해주었다. '한번 잡은 거래처는 절대로 놓치지 마라' '고객을 속이지 마라'는 그의 사업 신조는 이미 사업 초기 때부터 시작되었다.

한국전쟁이 끝나자 상경한 그는 1956년 8월, 공장을 현재 아모레퍼시픽 본사가 있는 한강로 2가로 옮겼다. 공장을 옮긴 지 얼마 지나지 않은 1962년, 영등포 공장 준공 시 자금난으로 부도설이 나돌았다. 어렵게 만든 기업이 순식간에 사라질 수도 있는 급박한 상황이었다.

하지만 기적이 일어났다. 거래처에서 십시일반으로 선수금을 내놓아 부도 위기를 넘긴 것이다. 이것 역시 평소 그가 쌓아놓은 신용 덕분이었다. 기업이 망하는 데 거래처에서 돈을 모아 그 기업의 부도를 막는 사례는 지금도 찾아보기 힘들 만큼 보기 드문 일이다. 눈앞의 돈보다는 신뢰를 쌓는 경영을 통해 소비자를 비롯하여 거래처의 사람들도 사로잡았기에 가능했던 일이다.

고객은 늘 당신을 보고 있다

'리빙'이라는 브랜드로 지난 30여 년간 미용용 티슈, 두루마리 화장지 등을 팔아온 삼정펄프는 개성상인 출신의 전재준 회장이 설립한 회사다. 연 매출 1,000억 이상의 매출을 올리고 있는 중견 기업이지만 사무실은 놀라울 정도로 검소하다. 탁자도 장식장도 모두 20년 전 사옥을 이곳으로 옮길 때 그대로다.

우리나라 휴지 시장의 15퍼센트 이상을 점유하고 있는 삼정펄프의 직원들은 이미 일반 가정집에서도 80년대에 사라진 철제 책상에서 일을 하고 있다. 그것도 군데군데 칠까지 벗겨진 책상에서 말이다. 다른 회사와 비교를 했을 때 분명 직원들이 불평을 가질 것도 같은데 이상하게 직원들은 아무런 불평 없이 일을 하고 있다. 답은 회장실에 있었다.

전재준 회장은 지난 60여 년간을 사업가로 살았지만 한 번도 비서를 둔 적이 없다. 회장실에 에어컨은 아예 들여놓지도 않았고 20년이 넘은 책상을 여전히 쓰고 있다. 회장실을 차릴 때 받은 선풍기와 아날로그 텔레비전이 그 흔한 장식장도 없이 바닥에 아무렇게나 자리하고 있다. 소파 역시 40년이 훨씬 넘은 제품이다.

그는 개성에서 태어나 스무 살 때 장사판에 뛰어들었다. 정직과 신용이 장사의 생명이라고 배웠던 그는 개성상인 특유의 알뜰 경영철학을 지키며 무차입경영으로 회사를 이끌었다. 덕분에 삼정펄프는 안정적인 재무구조를 인정받고 있는 상태고, 원지 부문의 고정 거래선을 바탕으로 매년 꾸준한 흑자를 내고 있다.

그의 경영철학은 단순하다.

"건물이 돈을 버나? 건물이, 그리고 책상이 돈을 벌어주는 거라면 제일 좋은 걸로 쓰겠다."

리빙 티슈가 세상에 나온 지 30여 년이 넘었지만 놀라운 사실은 아직까지 단 한 번도 광고를 하지 않았다는 것이다. 이것은 품질은 소비자가 써보고 평가하는 것이라는 전재준 회장의 경영철학에 기인한다.

그래서 삼정펄프의 제품에는 거짓이 없다. 다른 업체들은 원가를 절감하기 위해 화장지 길이를 줄일 때도 삼정펄프만은 변함없이 70미터를 고수했다. '소비자는 모든 것을 알고 있다'라고 생각하는 삼정펄프의 고객을 향한 경영철학이 있기 때문이 가능한 일이다.

먼저 내부 고객의 사랑을 받아라

일본의 마쓰시타 고노스케는 생전에 "마쓰시타 전기는 전기 기구를 만드는 회사가 아니라 사람을 만드는 회사"라는 말을 했다. 그런 이유로 일본에 불황이 왔을 때, 모든 기업에서 직원을 해고했지만 당시 마쓰시타는 직원을 해고하지 않고 회사를 회생시켰다. 그가 불황 속에서 기업의 수익을 끌어올린 경영 기법을 좀 더 자세히 살펴보면 다음과 같다.

'일단 주 2일 휴무제를 도입해 생산량을 줄였다. 물론 공장은 반나절만 가동해야 했지만 직원들의 급료는 깎지 않고 그대로 지급했다. 대신에 전 직원이 휴일을 반납하고 재고품의 판매에 나섰다. 결국 재고는 소진되었고 다시 정상 조업에 들어갈 수 있었다.'

이러한 경영 기법으로 그는 불황속에서도 두 달 만에 재고품을 모두 판매했고, 공장은 다시 정상 조업에 들어갔다. 그를 통해 오사카 상인들의 상술은 단순한 상술이 아닌 인류 공헌의 철학이 되었다. '

그가 불황을 이기기 위해 이런 방법을 쓴 것은 그가 기업의 성과만을 생각하는 경영자가 아니라, 한 명의 직원이라도 해고하지 않으려는 경영자였기 때문이다. 만약 그가 보통의 경영자처럼 생각했다면, 그 역시 많은 직원을 해고하면서 기업을 정상적으로 운영할 방법을 찾았을 것이다.

하지만 기업이 아니라 사람이 우선이라는 생각으로 해결 방법을 찾았기 때문에 오히려 더 좋은 결과를 얻을 수 있었던 것이다. 그로 인해 마쓰시타는 인간존중경영의 대명사로 불리게되었다.

한국의 신도리코 역시 마찬가지인데, 신도리코는 물론 외부 고객에게도 충분히 잘하고 있지만 내부 고객인 직원들에게 최고의 대우를 해주고 있는 것으로 유명하다. 신도리코가 직원들을 대하는 태도는 짧게 '직원님, 직원님, 우리 직원님'으로 표현할 수 있다. 직원을 직원님으로 대접하는 모습을 가장 분명하게 보여주는 사례가 공장의 구내식당이다.

보통 기업의 식당에서는 플라스틱 식판을 쓰지만, 신도리코는 다르다. 직원들에게 밥을 반드시 뚜껑 덮인 하얀 사기 그릇에 담아 보온실에 넣어뒀다가 주는 것이다. 집에서 먹는 식사 이상의 기쁨을 누릴 수밖에 없다. 식사 한 끼라도 집에서 가족에게 먹이는 것처럼 따뜻한 사랑이 넘쳐야 한다는 창업주의 지시에 따라 처음 시작됐다. 직장인에게 점심식사는 또 다른 의미다.

출근을 해서 처음으로 긴 시간을 쉴 수 있는 휴식과도 같은 시간이다. 그래서 별것 아닌 것 같지만, 밥 한 그릇이라도 어머니나 아내가 차려주는 것 같은 밥상과 성의 없이 식판에 퍼주는 밥과는 느낌부터 다를 수밖에 없다.

신도리코의 직원에 대한 사랑은 이에 그치지 않는다. 우수 사원을 포상하는 개념으로 1년 안팎의 중단기 해외연수를 보내고, 7년차 사원은 누구라도 빠짐없이 선진국 업체에 견학을 시킨다. 그래서 이 회사 임직원의 10퍼센트는 늘 외국에 체류 중인 것으로 되어 있을 정도다. 또 이런 일도 있었다. 아산 공장 본관 1층에 있는 도서관을 개관할 때다.

고 우상기 회장은 도서관을 완전 개방할 것을 지시했다. 그러자 분실의 위험을 들며 직원들이 반대했다. 그렇게 개방을 하면 누가 어떤 책을 가져갔는지 알 수 없기 때문이다. 그러나 우상기 선대 회장은 이렇게 대답했다.

"책 좀 잃어버리면 어떠냐. 괜찮다. 결국은 우리 직원 손에 있는 것 아니겠느냐."

순간 몸에 전율이 오는 대답이 아닐 수 없다. 직원에 대한 그의 통 큰 사랑이 느껴지는 사례다.

회사의 경영 상태 역시 모든 직원들과 함께 공유한다. 우석형 회장은 매월 각 부서의 사원 대표를 불러 경영설명회를 갖는다. 그래서 직원들은 회사가 돌아가는 사정을 대부분 훤히 안다. 그리고 또 하나, 직장인들에겐 가장 중요한 문제인 평생직장에 관한 것이다.

신도리코는 일단 채용하면 중도 해고가 없다. 중도 해고를 하지 않는 이유는 일단 채용한 사람은 회사가 책임져야 한다는 뜻에서다. 직원이 일을 잘 못하는 것도, 회사 사정이 어려워지는 것도 모두 회사 책임이라고 생각한다.

일본의 마쓰시타 고노스케와 한국의 신도리코가 펼치는 직원에 대한 사랑은 모든 것이 직원들에 대한 감사의 표시다. 직원을 사랑하고 고객에게 감사하며 시대에 뒤떨어지지 않는 기술을 개발하고 만들어가는 것이 삼국 거상들의 경영 비법이다.

영혼이 있는 기업을 만들어라

고려시대 개성상인들은 가게 앞에 방을 써서 붙였다. 일본의 노렌과 유사한 의미라고 볼 수도 있는데, 개성상인의 방은 고객들과의 약속이자 상인들이 지켜야 할 덕목이 적힌 것이었다. 상인의 사명을 다하며 소명의식을 가지고 외국과 거래를 하고, 덕과 선을 베풀며 신용을 지키자는 등의 내용이 담겨 있다. 그들의 신념과 상인정신은 일제강점기 때도 우리나라 상권을 굳건하게 지켜왔다. 오사카 상인의 노렌이 그들의 장사 영혼을 나타내는 것이라면 개성상인들이 가게 앞에 붙인 방 역시 그들의 영혼을 나타내는 것이라고 생각할 수 있다.

개성상인의 영혼이 담긴 상도는 일제강점기에도 빛을 발했다. 개성상인들은 민족상인으로 변모해 일제의 상권침탈에 앞장섰다. 상하이 임시정부와 독립군의 군자금을 모금했을 뿐만 아니라 운송 책임자 역할도 자처하며 목숨을 걸고 저항한 것이다. 그래서 일제강점기에도 개성만큼은 일본 상인들이 발을 붙일 수가 없을 정도였다. 개성의 전기 왕이었던 김정호는 일본의 전력 매점에 대항해 전기회사를 차리고, 한국인들에게만 저렴한 가격에 전기를 공급해 지금까지도 모범이 되어오고 있다.

이런 개성상인들의 영혼이 살아 있는 상도는 현대의 개성상인 후예들에게도 고스란히 전해 내려오고 있다. 아모레퍼시픽은 2005년 창업주 고 서성환 회장의 2주기를 맞아 전국 사업장에서 임직원들이 장떡을 나눠먹는 추모 행사를 마련했다.

지금은 별미로나 먹을 수 있는 음식인 장떡은 과거, 생활이 힘들던 시기에 시장기를 달래려고 먹던 음식이다. 그들이 굳이 장떡을 먹으며 추모 행사를 진행했던 이유는 무엇일까?

고 서성환 회장은 해방과 한국전쟁 전후 굶주림 속에서 장떡 1개로 하루를 지내며 사업을 일궈내고, 이후에도 어려웠던 시기를 잊지 않기 위해 1년에 한두 번은 꼭 장떡을 먹으며 창업 정신을 되새겼다고 한다.

결국 그들이 고 서성환 회장을 생각하면 장떡을 먹는 이유는 자신이 다니고 있는 기업의 영혼을 느끼고, 계승하기 위함이었다. 그래서 아모레퍼시픽은 지금까지도 임직원 모두가 고 서성환 회장의 기일에 맞춰 장떡을 먹는 행사를 한다. 장떡에 서려 있는 아모레퍼시픽의 창업정신을 잊지 않기 위한 행사인 것이다.

영혼이 없는 기업은 죽은 기업이나 마찬가지다. 아니, 살아 있다고 할지라도 단명하거나 발전하지 못하는 기업이 될 가능성이 많다. 일제강점기에 개성상인들은 목숨을 걸고 일본에 대항하는 영혼이 담긴 상도를 보여주었고, 현대의 개성상인인 아모레퍼시픽은 선대 회장의 경영정신을 물려받기 위해 매년 기일에 장떡을 먹으며 창업정신을 되살리는 시간을 가지며 아모레퍼시픽이라는 기업의 영혼과 마주하는 시간을 갖는다.

장떡을 먹으면서 직원들에게 창업자의 경영철학을 다시 생각하게 만드는 게 과연 쓸모 있는 일일까 의문을 갖는 이들이 있을 것이다. 하지만 나는 이 글을 읽는 당신이 작더라도 기업을 운영하는 경영자라면 그런 행동이 중요하다고 단언할 수 있다. 경영자의 중요한 역할은 기업이 살아 움직이게 하는 것이기 때문이다.

발전하는 기업의 출발은 언제나 영혼의 회복에 있으며, 영혼의 회복은 기업의 경영철학을 분명하게 하며 그 안에 깃든 가치가 살아 숨 쉬게 하는 것에서 시작할 수 있다. 기업의 성공은 언제나 영혼의 회복에서 출발하기 때문이다.

●

왜 지금 삼국의 거상을
벤치마킹해야 하는가

자신이 진정 원하는 삶을 살고 싶다면 우선 필요한 것은 개척정신이다. 돈을 벌고 싶거나 명예를 얻고 싶어도 지금 당신이 가져야 할 것은 개척정신이다. 하지만 우리가 개척정신을 가지지 못하는 큰 이유는 개척이란 말 자체가 일단 위험을 의미하기 때문이다. 그러나 위험을 감수하지 않고 대체 무엇을 얻을 수 있겠는가. 우리가 지금까지 살펴본 삼국의 거상들 역시 개척정신을 통해 아무런 두려움 없이 매순간 운명과 도박을 했다. 도대체 어떤 힘이 그들을 수많은 위기 속에서 지켜주었을까?

나는 돈에 집착하지 않는 그들의 태도와 관계가 있을 것이라고 생각한다. 그들은 '돈이란 언제라도 벌 수 있고, 또 언제라도 잃을 수 있는 것'이라고 생각했다.

"돈을 벌기 위해 사업을 할 수는 있지만, 돈이 유일한 목표가 될 수는 없다."